國家出版基金項目
NATIONAL PUBLICATION FOUNDATION

國家圖書館藏未刊稿叢書·著作編

登樓雜記

（二）

主編　劉玉才　陳紅彦

（清）錢泳　著

鳳凰出版社

書會寧令李君守城事

李君名堡號石濤元和人少讀書刻厲為學中乾隆三十六年辛卯科二甲進士四十五年選授陝西會寧縣知縣堡到任之明年適歲歉視民疾苦乃捐廉賑飢男婦老幼就食者以數萬計度不能贍日夜焦心查有前任詳請修署之官帑得千金遂詳報上官以工代賑自此城郭儒學衙署俱煥然一新為士民所悅會寧為關中衝要其東北三百里接平涼府鹽茶廳之小山正北為靖遠縣境其自小山至靖遠界所經村落則有打喇赤劉家井狼山黑虎岔黃家坳等處皆隸縣之北境西北二百里外則有鐵木山山以西為安定縣之馬家

堡官川里山以東為黑莊郭城驛金壇坪乾溝皆會寧境内地也縣西南接通渭縣之牛營堡正西則接安定縣之西鞏驛距會寧城六十里正南為通渭隴西伏羌三縣東南為通渭之石峯堡直接一岡川皆與會寧接壤僻路也四十九年四月十五日忽有逆回田五倡亂初在平凉府鹽茶廳之小山中結衆起事不過三百餘人先焚西安州土堡肆行刼掠時陝甘總督李公侍堯按察使陳公步瀛固原提督剛公塔聞之咸統兵先赴賊營十七日辰刻已過會寧境賊聞官兵至紛紛四竄田五中鳥鎗自刎死而賊黨會集山中猶稱未死煽惑諸回遂入靖遠縱火燒木廠煙燄蔽天蘭州省城亦

震動矣官兵復追擊之賊遂從黄河以北繞至靖遠山後奪
舟而渡又嘯聚於安定縣之馬家堡因入官川里勢甚猖獗
五月初六日西鞏驛焚劫一空賊遂于初七八兩日直抵通
渭縣之牛營堡徑奔馬營馬營為通渭衝衢距城九十里商
賈雲集乃鞏昌府之一大都會也居民數千家及寺廟十餘
所俱為煨燼惟存禮拜寺初九日賊直抵渭城縣官王某四
川進士也懦弱而寡謀初聞賊來邑紳前威遠令李仲晦者
原請王動帑練兵抵禦王故迂因循不聽適有密告王胥役
中與賊通者王遂收之獄賊聞之圍愈急王乃逸去不三日
而城陷矣仲晦父子亦遇害積屍如山填塞道路凡倉庫衙

署寺廟民居盡付烈炬靡有孑遺反不如馬營之民尚有逃亡也當是時會寧為彈丸小邑而四面受敵無井泉去河甚遠李堡初聞賊警遂戒嚴即令四關廂居民拆毀房屋移居城内給之口糧親率諸軍民登城鼓譟以示其衆未幾賊果来幸城外無民居無從焚刼去而復来者數次李堡守益堅下令軍民有獲殺一賊者懸重賞賊竟不敢至郭城驛距城僅百里有鄉倉可貯粟萬石堡懼為賊所擊率兵役營護之行至五十里鋪大雷雨不得前從泥濘中又行數里時夜將半昏黑莫辨聞有舊吏王朝宰居此遂于雨中扣門歇馬且欲問訊其家不敢留亦不知有王朝宰者但云賊已至馬家

堡聞安定尉已死於賊〻將至金壇坪去此不過二里許恐隘不測請速行堡曰若果爾命也如冒雨而進則前路高山深穽路更崎嶇人馬一墮當奈何乃集隨從者各持器械以備賊来堡獨坐土室中衣帽淋漓滅燈待旦天既明雨亦止鄉民知邑宰来咸荷鋤捍衛又前行十餘里遇有司馬荆公道乾奉檄運糧草牛羊馳至軍營者謂之曰城池倉庫縣令事也不宜前往矣堡乃還時賊氛愈熾蟻聚蜂屯鎗炮之聲晝夜不絶賊往来於邑境蹂躪于村莊者以千萬計各村民聞變驚逸呼號者亦以千萬計一見煙起則訛傳賊至而各鄰邑難民聞會寧賊少皆絡繹趨赴而来而會寧之民出逃者

遇之以為賊至矣亦呼號奔竄自相踐踏而死者亦以千萬計通渭既陷遠近驚駭惟恐官軍之不至也先是晋撫巴公延三奉使出口於四月二十五日過會寧見李堡初任未諳軍務為指示機宜堡隨送啓行而忽聞報至賊即至會寧矣適逢巴公前騎先驅賊驚而散蓋不虞巴公之驟至也於是西安將軍傅公玉帶兵一千名巴里坤副都統永公安自山西進京前来協勦即傅公壻也陜西巡撫畢公沅調西安同州各營兵暨西安滿標撫標兩營兵五千名又調四川屯練降番兵二千名寧夏兵一千二百名又川北兵二千名山西兵二千名至西安候撥又河洲韓土司兵一千名又瓦寺土

司桑朗雍中等自願効力挑選精兵四百名而興安鎮總兵官三公德亦帶兵一千名由秦州一路堵截延綏鎮總兵官策公卜坦又帶兵一千名由靜寧州一路堵截不數日而　欽差大臣福公康安偕領侍衛內大臣海公蘭察暨巴圖魯侍衛章京等相繼而至大學士阿公桂又挑選火器健銳兩營京兵一千名次第會集賊見官兵勢甚遂退聚隴西之狼山出攻隴西伏羌二縣復攻靜寧州隆德縣城俱堅守不動賊乃至底店子底店子者在靜寧州界回民聚俗而居不下千餘家沿途脅從者又數千人以至驛遞不通者數日至六月初三日賊聞　王師北來遂退入石峯堡石峯在萬山中其高揷天

傲剛而直

石路甚險惟北面一線可上賊踞為巢穴築壘開溝為負隅計實絕地也福公既至為相度地勢斷其樵汲立柵設卡時當三伏七日無雨賊下視四面重圍勺水不得遂大困七月四日夜半賊有佚圍而出奪路奔逃者官兵四面截殺賊投崖墮穽無算生擒萬餘賊無一脫者賊既平乃班師而通渭王令忽從民間出猶懷印綬似尚欲復任者遂復（伏）法李堡時年五十餘兩月之間鬚眉盡白堡實有守城功而祿弗及也其明年遂改教皖江時按察使陳公步瀛已擢安徽布政使司馬荊公道乾亦陞調池州太守而前任秦州刺史王公寬適為敬敷書院山長邊城僚屬重聚一方（酒酣耳熱）每譚往事輒欷歔

欲泣而不能自已也陳公贈詩云隴上鴻泥不可尋偶来皖水共題襟循陔早誦歸田賦磨盾猶懐禦敵心乍喜放鷴歌跌宕豈因失馬怨崎崟眼前此會知難得且把松醪仔細斟荊公贈詩云分襟何意復登堂回首蘭皐雁幾行三月火雲（烽煙）金甲赤五年冰雪鬓毛蒼心驚往事同孤壘天遣離人聚一方老我馳驅筋力憊輸君報國有文章王公贈詩云河陽脱幘茹虀鹽回首邊城飲水廉計拙真同洴澼絖譚高欲捲雪霜鬚冬烘病愈頭風檄春酌燈沉細雨簷家近百花洲畔住歸来訪我九峯尖隴坂長驅昔並鞍險如蜀道豈辭難石峯紀事心逾壯講院談兵膽尚寒帆逐雁聲催欲别歲如客意

送將闌寓人薪木期無斁曾聽蕉窓夜雨殘盖惜之也

南園先生事

先生姓錢氏諱灃字東注號南園雲南昆明人其先有名鑄者本籍浙江為錢武肅王後明成化間以遊幕至滇南會司理監太監錢能出鎮雲南以其同姓欲引附鑄耻之避居迤西後能去仍還昆明八傳而至拙叟公生五子先生其長也少穎異刻勵為學中乾隆三十七年進士授庶吉士散館為翰林檢討飽讀中秘書文名藉甚充　國史館纂修官四十五年充廣西副主考其明年冬擢江南道御史稽查通倉事務適是年二月逆回犯蘭州而甘肅冒賑事發獄已成矣誅竄者幾百人而獨不及陝西巡撫畢沅先生奏言冒賑析捐

固皆由王亶望骫法營私但查亶望為藩司時畢沅曾兩署陝甘總督近在同城豈竟豪無聞見誠使早發其奸則播惡不至如此之甚即陷于刑辟者亦不至如此之多也臣雖不敢必其利令智昏甘受所餌惟是瞻狥回護不使舉發甚非大臣居心之道奏入　上是之奪沅爵三級先是臺諫銜門自李漱芳左遷後無人敢言事者居無何復劾山東巡撫國泰吏事廢弛借納貢名貪婪無厭官民苦之所屬州縣虧空累累奏請按問且言嗣後願　皇上勿受貢物俾天下督撫無以藉口　上覽奏即命軍機處傳訊灃對曰御史例得封聞言事臣有見聞不敢不告也已而有　旨隨同軍

機大臣和珅劉墉諾穆清等前往查訊當是時和珅柄國而國泰素奔走其門下者人皆為先生危及抵山東境而和已早授意于國泰彌縫輒以危言動先生先生曰且到山東再看惟劉墉深知其弊常與先生密商比到省盤庫則和珅先言不用全數彈兑第抽盤數十封無短絀可也和遽起回館舍先生請封庫次日徹底拆封則多係圓絲雜色銀是借諸商舖戶以充數者因詰問庫吏得其實遂出示名諸商来領大呼曰遲来即封貯入官矣於是商賈皆紛紛具領庫藏為之一空復改道易馬往盤他處亦然案遂定而和亦無可如何也于是國泰與藩司于易簡俱拏交刑部治以罪　上

嘉之以澧敢言擢通政司叅議三十八年四月晉太常少卿
轉通政司副使　上常召對便殿其言秘外人無有知者
惟總管國子監事務尚書劉墉知之遂宣言於諸生曰錢南
園已將科場舞弊事面奏矣諸君慎自愛也是年八月以本
官出為湖南學政到任後絶干謁不受陋規衡文取士而一
秉至公士子莫不感服迨歲科期滿有　旨留任適丁母憂
星夜出城宿于旅舍即委員賫印交巡撫而於次早啓行各
官有追送賻儀者俱拒不受未幾又丁拙叟公憂先生在籍
閉戶讀禮絶蹟公門每日惟自課子弟讀書而已五十八年
服闋北上先是督學湖南時適荆州水災城圮而孝感有詁

埋人命之案又有匿喪應試並出首違礙書籍諸事者先生適在丁憂急歸之際遂將諸事移交巡撫浦霖查辦而浦霖揑辭叅奏以為諸事皆已所發也　上責以錢灃近在隣省不行查奏奉部議革職留任　上曰灃為官尚知持正著加恩以主事用選戶部江南司主事引　見奉　旨以員外補用即補戶部河南司員外郎復奉　旨授湖廣道御史時軍機大臣和珅與阿文成公桂議論不和辦事不同一處慮開朋黨之禍先生上疏曰軍機大臣應同在公所辦事互商可否此定禮也近惟阿桂在軍機處餘或在　內右門或在　南書房或在造辦處一切咨事畫稿司員皆趨走多歧

將来必生事端况　内右門近接　禁寢向来有　養心殿
帶領引見之例所以　皇上加恩大臣不令與百官露立
是以設廬許得暫止每日清早於未辨色之先一大臣入各
司官亦隨入一大臣出各司官亦隨出為日既久不能不與
内監狎熟萬一有如從前高雲從之事雖立正刑辟而所繫
已多杜漸防微理宜改正請
　皇上飭諸大臣悉照舊章
同止軍機處其　圓明園辦事亦同一體以昭畫一之規
上覽奏遂切責諸大臣謂錢灃所奏甚是即命在軍機章
京上行走當時阿文成桂以下咸稱為南園先生不以名也
惟和珅頻加詰究欲窮以難處之事卒不能屈轉資商確耳

六十年乙卯扈蹕灤陽九月還京偶感風寒遂病卒年五十六是年冬浦霖以福建巡撫任內事伏法京師越四年己未正月和珅亦　賜死刑部獄中惜先生之不及見也初先生提學湖南時巡撫為吴江陸燿〻居官清正每事必商稱為知己適燿卒幾無以治喪先生亟典質二百金為賻而率諸生俱白衣冠步行往弔遂俯伏慟哭曰公生平不名一錢願公受之毋却也其風義如此

石室十六詠 并序　　　　錢泳

石室在虞山西麓相傳為齊太公隱居見唐陸廣微吴地記郡縣志亦載之石室之前為白雲棲禪院稽之前人鮮有至者惟老友孫庚常原湘天真閣集有和雪杭上人八景詩蓋是山為其曾祖朝議公所闢也余既撰石室記復作是詩以廣之

彈琴

一鈎一綽寫吾心彈出文王治世音尚父湖頭春色古水流花落到如今石室山之前即尚湖也

枯坐

閒来頗學維摩詰枯坐空山日已晡何事吾儒偏愛佛教人枉下死工夫

煮茗

汲得清泉照眼寒碧螺春雜菊花乾一爐活火松風響不鍊仙家換骨丹

觀魚

誰識區區小洞天有魚擢尾出深淵他年若肯興雲雨潤我南山二頃田石室之下有泉甚清洌水中有白魚出没三日內必致風雨

臨帖

晉唐真蹟世間無僞帖紛紛市大都也比當年陶學士全依

舊樣畫葫蘆京師之琉璃廠蘇之吳趨杭之西湖俱有法帖鋪而僞帖尤多真堪發笑

讀書

白髮垂肩尚嗜書撐胸荊棘未全除偶然有得欣忘食差勝莊生讀五車

聽泉

洞中泉響似鳴騶洞口仙人笑未休素性本来寒徹骨肯隨湍水出山流石室之下有冽泉清澈可愛不盈不涸

題壁

蒼苔剔盡見雲根就把松煙寫洞門楷點招真壇下石幾人留得姓名存招真治後有唐宋人石刻題名至今尚有存者

薙草

草荒三徑冷蕭〻送酒人来未可招快我犁鉏芟剷盡要扶綠竹上青霄

種花

看花九比種花忙花簇叢〻似我長想到春江明月夜至今還欲斷人腸

譚禪

手揮麈尾貌崚嶒恰似中峯退院僧談到色聲都寂滅長明惟有佛前燈

解寐

平生不解講元虛閑眼花前得自如富貴笑来無我分何妨一夢入華胥

高歌

高歌何必上青雲呼起松根冥莫君却笑世人拘格律空腔浮調不堪聞

獨酌

舉杯邀月入冰壺（渡銀河）七十年来一刹那有酒今朝（宵）須盡醉小黄崖上暮雲多

沐浴

道人為我煮清泉脫我青衫洗背肩塵垢已除心目爽何須

羽化再登仙昔袁簡齋先生嘗遊武彜九曲山僧以清泉浴之拍手大笑曰可謂羽化而登仙矣

焚香

清香一炷裊雲煙凝壽樓頭山更鮮願祝吾皇千萬歲和風甘雨自年年石室之左有凝壽閣子瀟庶常曾祖朝議公所築可以望遠

擬古

擬古詩五十五首并序

昔阮嗣宗有詠懷詩百首爲古今絶唱後陳子昂張九齡李太白韋應物輩輙效爲之皆撫時感事傷己悼物之作余野人也所見惟絶壑荒邱所聞則樵歌牧唱惡足以言詩哉雖然古人不云乎高山仰止景行行止即以追蹤往喆仰企前脩亦未始非唐賢擬古之意也閑居無事終日閉門爰賦五言詩若干首非敢謂載彈載詠實以自嘲自笑云爾

繪事後粉素攻車先輪轅求名了無實至人難討論二氏講虛無義理不足尊象罔得元珠已開梵王門吾儒尚名實水木同根源譬如葉上花無根安得蕃所以古聖賢道高配乾坤

其二

孔孟法唐虞申韓尚黄老其學相徑庭同名不同道戰國多荊榛諸侯務攻討一利為交征人心遂顛倒子輿困齊梁致身苦不早方枘納圓鑿能得幾時好

其三

伯夷死於名盜跖死於利賢愚同一瞬貴賤亦無異始皇

惡言死求僊當王事蓬萊不可接沙邱乃長逝世人何太癡天公有深意生死作循環弄人恣遊戲

其四

日月孰維綱雲雨孰隆施噓吸有時節照曜無公私人於天地間每為私所欺名利兩交戰智愚亦可移何況中人多又復生支離至死不得悟夢夢固其宜

其五

榮名豈為寶行樂當及時縱使垂千秋身後那得知床頭一壺酒到手常不辭一醉可千日醒復弄琴書花竹笑吾老妻兒嬉我癡主人自勿癡不醉將何為

其六

螳螂怒其臂欲以搏鳴蟬不知異鵲来一縱兩擒連弾者偶見之仰天奮空綋兩目未及轉猛虎當胷前人生無賢愚惟利多鑽研後患不自防性命將難全尚復日致致終傷死道邊

其七

貧賤慕富貴多財便淫蕩淫蕩既已極貧賤復来往石崇恣驕奢有福不得享房杜之子孫降而為厮養蕩覆無一存零落同草莽以此觀古今歷歷誠不爽否泰轉循環天道豈可強

其八

人生如夢幻，一死夢始醒。何苦患得失，擾擾勞其形。當其在夢中，亦復如傀儡。邯鄲學歌哭，蟻國分君臣。人為萬物靈，枉自辨假真。富貴豈可慕，適足戕乃身。達哉嵇阮流，千載垂休名。

其九

荆棘害於木，亦藉荆棘護。小人彌道周，君子乃不顧。我嘗入深山，荆棘生當路。拔刀難剗除，芒刺不得度。一朝霜雪來，何待犁鋤去。夷滅自有時，消長亦天數。

其十

芝蘭種茅茨，珠玉雜泥土。人事每倒置，乃與噲為伍。韓侯未遇時，蛟龍少雲雨。一飛竟沖天，幾欲居九五。逐兎殊有功，卒遇林中虎。不如從赤松，凌霄自千古。

其十一

皓月正東昇，白雲為間之。反身看落日，林際猶遲遲。片刻有温涼，人心安可知。不見朱翁子，夫婦生猜疑。不見上留田，兄弟多乖離。何況朋友間，車笠難與期。悠悠世路人，誰辨是雄雌。

其十二

子文與叔敖，三仕復三已。休休有過人，栩栩無愠喜。嚴陵

投釣竿何難佩金紫淵明賦歸来其志頗相似日月有盈虧人事無定止熱中亦何為我心淡如水

其十三

昔為人所羨旌旗蔽道周今為人所憐貧病將歸休轉瞬有榮辱富貴誠難留惟有蓬室士閉户莫與儔詩書得真樂一日同千秋悠悠可終老亟亟復何求

其十四

大樹摩蒼天峥嶸難記年虬枝吼風雨密葉酣雲烟偶為匠者顧一朝遽摧殘既無松柏姿翻喪蒲柳先嗟爾多才輩促促誠堪憐不為棟梁用亦作江海船乘桴企宣尼後

世稱髙賢

其十五

鍊藥求成仙成僊亦何益愛此七尺軀一爐守朝夕或吸紅日影或飲明月魄縱能壽萬年亦如遠行客丁令歸来時人民已非昔劉阮既出山子孫不相識何苦作狡獪賓與天心逆漢武與秦王相傳已陳迹枉自作聰明徒為後人惜

其十六

古墓犁為田自昔已如斯世人尚厚葬立意無乃癡生前本庸〻死後復何知不見北邙隈白骨生青苔昔為王與

俟今作塵與灰有碑半磨滅滿地多蒿萊古今同一轍不如且啣杯

其十七

良醫比良相其道在活人若以利為道岐黄亦不仁今之挾醫者學業少專精不識病虛實豈知人死生尤恐用藥誤此病無時輕

其十八

室無三日糧婦姑長勃谿湯言無米炊君家婦難為有夫遠離别兒女多嬌癡煖冬常耐冷豐歲猶苦飢姑惡姑不惡所傷妾命薄命薄何足悲救貧少良藥

其十九

風雨本無鄉卒然来自天淫〻不能止汛〻傷農田三吴故澤國膏腴盈九阡年〻祝豐稔轉粟連幽燕三江既淤塞具區亦淪湮五害水為大稽天誠可憐治潦如治民至今企前賢

其二十

水旱皆天災旱尤慘於水能令山嶽焦竟似蛟龍死夜氣已炎蒸朝光反紅紫官吏雖告哀纍尪乃獨喜田禾成束薪賦税亦已矣恩施累千萬何曾及寒士

其二十一

民者是邦本兵者乃兇器使民事戎行頗逆天生意況復非所養用之豈有利後王尚鄉勇以利為之餌兩軍未交攻一人可失事素無教養方適足腦塗地團練久不行聖賢每輕棄兵農原一途言之恐猜忌

其二十二

黃河出崑崙清淮自桐柏異處而同途何事相争戢清水怯欲避黃水逾追迫咆哮騁雄強直擬通其宅堯禹為咨嗟三公運權衡淮流轉嗚咽汩汩多悲聲誰知何力竭意氣終難合回頭走東海海怒不容納

其二十三

古人作錢幣，利益原無窮。從此布中國，源源自流通。新莽尚大泉，民亦隨汚隆。唐時乃私鑄，鉛錫和青銅（見杜詩）。青銅既非法，後世行如風。夷錢何足貴，其道猶游龍。安得千萬爐，一時盡消鎔。

其二十四

鹽筴藉山海，齊國為之始。從此霸諸侯，管仲一人耳。是時少私販，交易咸歸市。後世多姦民，貪利無遠邇。白日弄戈矛，豈復顧生死。譬諸腥與羶，蠅蚋固所喜。法古亦何難，下令如流水。

其二十五

闒吏最堪笑視書猶視讐搜索到書箧爽然行莫留鄰舟半商賈艤櫂波中流進退不能遂英雄難自由明知無罪過何事多殷憂風順日色佳春渚飛閑鷗翻羨儒生輩挂帆去悠悠

其二十六

人人好摴蒲奔走如不及貪癡過虎狼驕奢縱淫佚君子所不為若輩視為業營營窮歲年翻笑謀生拙涼秋八九月西風正蕭瑟為其父與母困苦不遑恤為其妻與孥飢寒自悲泣家產化雲煙至死猶未畢聖世重斯民擬申最嚴律誅夷無復存不使斯民疾

其二十七

偷兒非有種饑寒便為耳穿窬復跳梁亦自稱君子朝出結匪徒夜行雜神鬼盜得財與帛居然衣青紫何事不可為無良至於此官吏聞之怒捕者得之喜或送戎狄間不過免其死皋陶偶赦之仍復為偷兒適益心膽壯殺人乃其宜庶民受殘害從茲無已時

其二十八

禽獸知父母飛行若襁褓人生胡不然仁親是為寶愚民昧王化何乃違天道宣尼常有言人而不如鳥古來逆倫事世上殊不少縣官泥維輕定讞殊草草聞之喪我懷嗒

然起煩惱

其二十九

上林有虎圈養得三猛虎一虎破圈出摧殘路人股咆哮驚四鄰雞犬相號鳴老兵不敢觸反自傷其身兩虎互搖尾聞之心獨喜誰知機械來乃與同日死人事多反覆世情亦爾〻出處苟不慎雄強豈能恃

其三十

秀才攻時藝一年復一年偶然得科第便爾忘其筌自此走别途名利為之牽朝出干公侯暮回聽管絃既貴又何加笥篋堆金錢既得恐復失咡嚅堪生憐一朝棄冠帶萬

事成飛煙不如秀才時搖擺青燈前

其三十一

富人尚豪俠行樂無朝昏既挾邯鄲倡又復招梨園車馬一時集蹁躚來貴門堂前絲竹沸堂後笑語喧張筵設楚舞置席開金樽有客翻不懌愴惻心中煩問客何獨然脉脉不能言

其三十二

腐儒好著書出口譚經濟旁人竊聽之似能救斯世不知紙上兵迂遠何足計凡事貴親見耳食豈可例或者竟能行亦是偶然事聖王達四聰自有唐虞治

然起煩惱
其二十九
上林有虎圈養得三猛虎一虎破圈出摧殘路人股咆哮
驚四鄰雞犬相號鳴老兵不敢觸反自傷其身兩虎互搖
尾聞之心獨喜誰知機械來乃與同日死人事多反覆世
情亦爾爾出處苟不慎雄強豈能恃
其三十
秀才攻時藝一年復一年偶然得科第便爾忘其筌自此
走別途名利為之牽朝出干公侯暮回聽管絃既貴又何
加筍簴堆金錢既得恐復失囁嚅堪生憐一朝棄冠帶萬

事成飛煙不如秀才時搖擺青燈前

其三十一

方山先生五牧人籍武進縣學嘉靖十四年進士為慈
谿令仕至陝西按察副使罷歸

紙上兵迂遠何足計凡事貴親見耳食豈可例或者竟能
行亦是偶然事聖王達四聰自有唐虞治

其三十三

美女妖且閑，相逢歧路間。容華耀朝日，眉黛描春山。借問住何處，乃在青溪灣。父作鸞臺使，夫充鳳池班。欲語不能道，對面阻河關。乃知賢者心，凜凜不可干。生材既非易，求材良獨難。

其三十四

詩書盈滿几，商賈所不齒。魚鳥見毛嬙，那得知其美。財帛盈滿几，人人竊心喜。車馬日塡門，如赴咸陽市。富人財帛多，源源貫江河。慳吝乃真訣，仁義可有無。求益尚不足，同室將操戈。豈知富人樂，不知富人苦。朝夕枉經營，子孫視

如土

其三十五

牽牛與織女並列秋雲中銀漢界天長何為各西東終年悵離别秋来始一通世人尚考索此事恐難窮古来君臣際明良或未容咫尺隔萬里其義將毋同

其三十六

水族居江湖與人本無争釣翁誘以餌終日垂絲綸明知不可食往来尚逡巡誰知沉大網一擁數百鱗小者盡脱漏大者遣鼎烹波濤永相失忽作席上珍此理竟難悟欲問櫓舟人

其三十七

南方有異鳥自名曰鵷雛朝飛梧桐陰夜宿北海隅肅〻鳴高岡鏘〻聞九衢鴟梟啣腐鼠見之心不喜貴賤本難合受辱良有以

其三十八

金風日催迫草木漸偃蹇幽人出門看正值斜陽晚小犬吠荒村牛羊下平坂萬物各有託吾生豈忘返秋雲何太薄人情日以遠俯仰感古今膓中車輪轉

其三十九

少時好音律喜弄緑綺琴一曲月沉西清商来竹林傾耳

究得失殊非金玉音人心已非古安知古人心棄置不復
殫生跡到如今

其四十

昔我過山左飄然登岱宗下瞰齊魯小一氣青濛濛竊喜
置身高能令眼界空那知疾足者先在青雲中人生本有
限世路原無窮不如下山去抽豪頌清風

其四十一

才華與賢達判然分兩途楊馬蕩無垠何似魯諸儒建安
稱七子綺麗不足趨後生競模倣乃食糟粕餘著書動盈
尺自命難與俱豈知世間上可有亦可無不聞夫子云回

也其如愚

其四十二

書畫雖小技頗能足衣食文章載大道舉世無人識是以古聖賢僕僕諸侯國德功既難行歸藏乃元吉君子養其仁小人食其力立言竟何補滿腹生荊棘

其四十三

子孫不振耀歷代皆有之尤在忠孝門往往難扶持東鄰有屠者乃育寧馨兒弱齡多敏悟十歲通禮儀十七侍中郎二十為台司若言有天道天道竟難知

其四十四

綠玉產西南呼之曰翡翠（翡翠火齊見後漢書班固傳）人人視為寶欲比瑚槤器或置章甫冠或環美人臂煜煜同金珠紛紛詫祥瑞不知荆山璧瑩光照瑤席棄置弗復陳磊磊同凡石悲泣亦何為韞櫝乃良策

其四十五

身著日本裘胥圍夷女錢（見李太白詩）買得碧玻璃經營補蒼天俗人不好古家家闢瑤圃光輝奪明鏡花木穿窓戸豈嫌人世塵擬登廣寒府

其四十六

白酒釀初熟黄雞秋正肥殺鷄招近局翻酒污我衣欲洗

不得脫狼籍香淋漓遂成白珪玷坐客相嘲譏衣汚不足惜慎旃念前非

其四十七

閑居三十載學古散縹帙室廬自經營婚嫁亦已畢有遊五嶽心却少求仙術忽遇中山人自言衛叔卿乘雲挾兩龍我欲從之行遂與妻子別泣下沾冠纓既囑生前事復傷身後名山人顧我言與爾無緣因塵心未能盡安問仙與神呼龍笑而去但聽流雲聲

其四十八

嘗過潁川水時見雙鴛鴦噰噰相和鳴飛飛自成行我有

親弟兄乃在天一方别離動經年海國秋風涼相思不可見清淚沾衣裳

其四十九

我欲製兩舟張樂浮清波只作陶峴遊不羨張志和或放嚴陵櫂或從剡溪過一二皆至友朝朝聽弦歌人世浩茫茫江湖風浪多誰是孟雲卿可與我同科

其五十

鰥居守空房一燈自熹微羣鴈何嗷嗷秋風聲正悲輾轉不能寐呼童啓雙扉璧月懸清光玉露沾我衣仰視河漢高牛女尚依稀人間有生死天上亦分離雖有小星明不

是昔同飛

其五十一

送客客竟去容與乎楊林春草碧連天黯然傷我心人生多離别何時自消沉客行雖云樂前路多苦辛但願早還家白髮長相親日飲百壺酒同買湖邊春

其五十二

吾身至微渺渾若清池魚遊泳自為樂不受世網拘豈知江與海波浪翻九區豈知蛟與龍變化昇天衢悠然荇藻閒戲閑腹中書上言頗知足下言聊自娱

其五十三

我生日悠〻安時而順處閒門少人来不笑亦不語朝讀黄庭經夜誦養生主身世遂兩忘熱脩自千古蔵刀十九年不知在何許薪盡火猶燃飛空作雷雨

其五十四

勞人慕清靜草〻闢林園正思免營窟乃為羝觸藩人生貴適意適意非無方側身付天地與世相低昂何必自局促投此無何鄉富者不足羨貧者亦士常試看空中蓬隨風自飄颻

其五十五

秋風颯然至落葉響空階啓户寂無譁忽〻無好懷我生

日以衰物情日以乖惟有杜康賢庶幾可同偕一醉聊當死萬事東流水死死復生生千載亦如此

右錢梅史登樓襍記六冊紀述翔實文筆典雅亦於滕嘉之間耿閱掌故先游雖以隨筆記錄分未寫尚未梳比分毫故未能與履園叢話相頡頏印旁足情耳之惜仍見其侯詠澗妙固不閱讀一過謹綴數語歸之

己丑秋　世壽

登樓雜記

總督三江

江蘇安徽江西三省俱倚長江爲險要其所以必歸總督兼轄者下游則以江蘇之鎮江握其全上游則以江西之九江扼其要三省一氣聯貫故自康熙二十一年歸并總督兼轄鄱陽湖爲江西通省門户周環數百里僅有水師都師帶兵數百名不足以資彈壓惟賴兩江總督及松江提督江寧將軍水師及各駐防官兵桐爲遥制者也

請賑

族祖贈公諱人麟武進人以舉人大挑官浙江知縣任蕭山乾隆甲子八月西江塘圮淹沒田廬無算贈公目擊心傷遂赴省請賑上官曰此偏災也豈能入奏耶竟不準贈公不得已乃發庫銀三千兩活人無算其明年四月查辦奏銷遂收禁監追禍將不測忽得京報其長子維城狀元及第上官意始解命各屬攤賠贈公旋告歸不復官矣後維城官至刑部侍郎賜謚文敏為名臣焉

養生

太和元氣病從何生寵辱不驚肝木自寧動靜以敬心火自定飲食有節脾土不泄調息寡言肺金自全怡然無欲腎水自足又云毋以妄想戕真心毋以客氣傷元氣此養生真訣也余年六十尚無二毛人有問余得何訣余荅曰每食不飽則却病却病則延年矣易曰君子以慎言語節飲食實養生第一法余嘗有詩云若欲長無病常時作病看情歡宜自愛味美莫加餐樂道真良藥安貧是達觀一心爲主宰六府盡平安

宋唐仲俊年八十五六極康寧自言少時讀千字文心動神

疲有悟也平生不動心故老而不衰導引家云心不離田手不離宅此語極有理又云真人之心如珠在淵衆人之心如泡在水

張桐城相國嘗言一身五官百骸聽其與飲食煩苦相纏綿而能獨守方寸靈府之地製為一城堅閉四門不許榮辱進退死生得失之念闌入其中或少踈虞即時驅逐仍前堅守亦養生法也

養生家言人精氣最要完足老年獨宿是為上乘亦有不盡然者吾鄉有九十六翁黃雲峯壯年恒獨宿至九十餘反近女色不以為累嘗曰老年精血猶一年之冬水泉漸耗如精

滿而行雖老年亦無害也其語甚通

飯香菜美

余少寒儉每飯不過菜羹一味覺飯之香菜之美輙謂膏粱珍饌不是過也弱冠後遊幕公卿間日厭粱肉雖羅列滿前不堪下箸嘗有詩云蔬水乃真士膏粱若佞人嗚呼世之人一朝富貴而知飯之香菜之美者有幾人哉

飲酒

梁山舟先生不飲酒嘗論飲酒者如發酵饅頭最易得病蓋酒主散飲酒則氣散酵主浮發酵則氣浮散則不充浮則不實病因乘之而嗜之者不察何也

吳門有道士酷嗜高粱酒一日大醉吹燈就寢將火氣吸入

口中積酒自焚立時死又山東萁邑民居失火延燒有二人正酣飲大笑登高而望忽火星爆入口中同時燒死又蕪湖繆方伯家有二僕賭飲思吃烟口出綠火火盡而死又嘉興馮鷺亭家有一僕好高粱日日痛飲狀如泥塑一日過量飲之遂死其尸兩日尚温此酒本名燒刀言酒中有刀也而人必欲酷嗜之殊不可解

吃煙

吃煙一事與飽暖全不相關且自古以来未有之事既傷氣分又費錢財而人人嗜之即嗜者亦不自解也揚州李冠山比部詩云春睡乍醒欹枕後午餐纔罷喚茶時一般風味誰

能領最好臨文助構思此亦善于吃煙者近日又有鴉片煙
鼻煙潮烟水烟愈出愈奇尤為可笑
煙草出於呂宋其地名曰淡巴姑明時由閩海達於中國以
煙由福建来故今猶名建煙其味最沉明楊士聰玉堂薈記
云自天啟中調廣兵乃漸有之崇禎十二年定例喫煙者死
後洪承疇請開其禁初以喫煙聲似喫燕故惡之也李王逋
蚓菴瑣語云煙出閩中北地多寒疾關外人食之者價甚昂
至馬一匹易煙一斤初惟南兵北戍者喫之崇禎末閩浙兩
省徧處栽種三尺童子莫不喫煙矣康熙中　聖祖皇帝
巡幸德州傳　旨朕生平不好酒亦能飲一斤然止是不用

最可惡者是煙諸臣在圍場中終日侍朕曾喫煙否每見諸臣私在巡撫帳房中喫煙真堪厭惡況煙為最耗氣之物不惟朕不用　列聖俱不用也時濟寧道蔣陳錫恭紀云碧椀冰漿瀲灩開肆筵先已戒深盃瑤池宴罷雲屏敞不許人間煙火來

巧拙

詩言惟鵲有巢惟鳩居之巧者為拙者所敗自古而然道光辛卯歲余客袁浦之總河節院窗前有大槐一株上結鵲巢甚巨未幾為老鶚所據鵲度不能守遂日啣其巢而擲之不十日而折盡老鶚仍啞啞不能營也每見小人之害君子君子便以才智禦之即小人亦無可如何耳

紫薇雙照圖

乾隆甲辰歲潘樹庭中翰與其弟芝軒尚書同遊泮宮余為作棣萼聯芳圖以賀之事隔三十餘年至嘉慶丁丑三月中翰兩郎君亦復同遊泮宮余又作紫薇雙照圖為贈系以詩云棣萼才名本出群一枝先發上蒼旻惟君獨享山林福不作人間出岫雲又云三十年前事偶同秀才原是舊家風春來第一開心事又見雙〻入泮宮可補入玉堂佳話也

緑衣女郎

汲縣林午橋太守未弱冠時讀書於輝縣夏峰孫徵君祠時在乾隆庚寅九月初七日夜未二鼓正欲解衣寢獨坐臥榻一燈自然忽聞推窓聲見有緑衣女郎年可十四五直至榻前又退縮數步遂坐定啟硯匣取筆作書移時而去午橋膽素壯乃披衣出呼僕持燈四照門戶寂然見案上一紙果有蠅頭細書其筆細如毛髮並無波折映燈細閱乃三絕句也其詩云櫻桃花底認東墻輸盡春風總斷腸妬殺梁間雙燕子年年海國覓王郎一樹鐵花開未遍火輪又是轉身時蒼茫急覓來時路及到回頭悔已遲繁華銷歇古江南舊夢重

題總不堪且喜永消無淨業萬松林下老瞿曇亦異事也

梅柳争春

偶聽小兒輩讀千家詩至梅雪争春一首不覺啞然失笑余亦作梅柳争春詩以博一噱云東風吹得柳梢青萬樹垂垂夢乍醒惟有梅花先索笑笑他離别短長亭柳笑梅花亦太癡年年何事苦相思我看你已頭如雪那管人間有别離二詩作梅柳問荅余為之分解曰梅柳争春未肯降我来點筆再評章梅須讓柳千條緑柳却輸梅滿院香

科名之盛

家鑄菴先生名人麟為稼軒殿撰之父嘗輯毗陵科第考自順治乙酉起至乾隆戊戌計五十二舉鄉會試其中中狀元者四人榜眼者二人探花者四人又會元二人解元二人舉博學鴻詞二人翰林五十六人登宰輔者四人尚書以下八座者二十七人其會魁傳臚幷京堂科道主試總裁提學及藩臬等官不可悉數自戊戌至今道光元年又四十餘年矣惜少暇不能專書記之以志一郡科名之盛

三人同捷

乾隆癸酉江南鄉試太倉庠生王某將赴金陵錄科有同鄉

友託其豫定考寓以免臨期倉猝某諾之及到省下寓已定自居於前楹以内房為備後來者越數日暑甚病痢大劇夜不能寐一夕恍惚若夢見有如世所繪呂祖像者長髯博帶手托香櫞三枚自門而入王起迎之道人搖手微笑直入内房明日同鄉友来則三人也場事畢王病亦愈同舟歸里及榜發三人同捷一為解元吴濬一為第八名吴一桂一為十一名吴鍔也

過範

汀州伊墨卿太守工於漢隸，又得曲阜桂未谷用筆，遂稱名家。京師推為第一，余亦深服之。此在嘉慶丙辰、丁巳間也。自己未三月出守惠州後，其書遂一大變，流入石門頌及李苞閣道題名一派，放縱自如，忽大忽小，伸紙必滿幅，幾無空隙處。一日，余在杭州偶謁清平階中丞，大論隸書之學。中丞問余曰：「墨卿之書，予以為何如耶？」余笑云：「譬如射然，墨卿射過範矣。」中丞亦笑，以為至論。推此而言，古今人工書者固多，而過範者亦復不少。

汪拱乾

徽州人有汪拱乾者精會計貿易於外者三十餘年其所置之貨皆人棄我取而無不利市三倍自此經營日積日富而自奉菲薄并誡諸子不得鮮衣美食諸子亦能守成然人有告借者無不滿其意而去惟立券時必載若干利因其寬於取債日積月累子母併計之則負欠者俱有難償之患一日諸子私相謂曰昔陶朱公能積能散故人至今稱之今吾父聚而不散恐市恩而反招怨尤也拱乾聞之語諸子曰吾有是念久矣恐汝輩不克體吾志耳是以蓄而不發今既能會吾意真吾子也於是檢篋中券數千張盡召其人而來燕之

衆皆誦祝羅拜自此以後諸子亦能自經營家〻豐裕傳其孫曾今大江南北開質庫或木商布商汪姓最多大半皆其後人當爲　本朝貨殖之冠

年汝隣

年汝隣字寄濤年大將軍羹堯胞姪將軍敗事後寄濤尚襁褓隨其母流寓揚州改姓王華門圭竇工畫能詩〻追少陵畫宗北苑揚州故鹽商有求其筆墨者輒拒之而與山僧野老時相往来以為樂也老年益貧困不能支其弟子楊將軍大壯時周急之余每晤將軍寄濤常在座中真可交之士也

不信祈禱

先君子養竹公生平不信祈禱一日從吴門歸舟至坊橋登岸在烈日中行数里許偶憩綠陰樹下者久之歸而寒熱兩晝夜左腿發一大疽疼痛不安實暑熱所致也卜者以爲犯土禁家人輩競禱之是夜出血膿一碗許遂平復偶以粗紙襯之紙上血膿印出一天字亦奇

余亦不信祈禱乾隆癸丑七月自杭州歸忽病傷寒醫藥罔效先太安人爲余祈禱是夜余梦中有數十鬼来俱三五寸許叩頭作謝次日一藥而愈蓋病本退矣

余兩子曰奇曰祥亦不信祈禱嘉慶二十年夏有老嫗染時

疫卧數日詎家人亦染之張唇吐舌糊言亂語似有鬼聲啾啾或空中作響如開門出入者兩子大罵曰吾家素不信祈禱倘有鬼急急去毋息想酒食也越十餘日病愈不費一錢乃知此事可信不可信總在自己操持得定而已

聾者能詩

楊景道字薪傳常熟田莊人生而雙聾聞其兄明經秉雲課詩遂能爲韻語每得詩即命他人書之有愚谷詩草一卷有除却詩書難了俗過貪風月亦傷廉之句以高年邀　恩賚冠帶之賜年八十餘尚康健如少年人也

喫賑

大凡州縣官賑濟之項斷不可稍沾毫釐如得之報應最速事淺則明正典刑不淺則覆宗絶嗣就余所見者已有數人內有一人報得最妙所喫者不過五千金先命錢穀先生將查賑原冊重造報消而與管賑房分去千金本官到手僅三千金耳是年冬錢穀先生疽發背死而無後管賑房者雖有子其明年亦暴亡惟本官陞任美缺而去不一年其舊書辦某遂將原冊藏匿揚言欲稟上官而暗使其同儕送信吱唔者半年詐其九千金而去始將原冊送本官銷毀以滅其蹟其事遂平故天下事欲討便宜反至吃虧往往如此

瑞芝

江寧秦澗泉學士大士乾隆壬申狀元寓前門外半截胡同至庚辰年庭前忽生芝草其長子尚書公承恩中進士故號芝軒庚寅年又茁一芝次子翰林學士公承業又中進士時家橅石先生為禮部侍郎為畫瑞芝圖同人唱和有瑞芝軒集甲子一周至嘉慶庚辰年宅復生芝時陳芝楣方伯鑾正贅其家又中進士第一甲三名蕪湖黃左田尚書復為作棠芝圖蓋芝生扵蜴館海棠樹上也一時士大夫復有詩可謂玉堂佳話

三典會試

之賜

本朝三典會試者漢軍則范文程甯完我滿洲則剛林漢人則高陽李霨澤州陳廷敬高安朱軾桐城張廷玉溧陽史貽直大庾戴均元也

四典會試者則諸城劉統勳滿洲介福也

五典會試者孝感熊錫履滿洲德保韓城王杰也近日德公之子煦齋相國英和亦五典會試

葉樗農山水

葉樗農名樹滋長洲人嘗官雲南司馬又遷四川居蜀十餘年簿書之外惟以詩畫自娛尤工山水在南田石谷之間近時罕見其比自題畫册云走遍天涯蓬鬢稀江山洵美不如歸草堂松菊應無恙擬著荷衣守釣磯其薄於榮利如此余幼時曾見之五十年後家事中落其子味三貧乏所居齋門北街舊地俱售之他人至遷曹公橋丙舍己卯冬日携其先人所畫山水册三本索題余賦詩於後云昔年曾過鄭公門虀粥書廬記尚存宦海偶然同夢幻好山寫得付兒孫千秋董巨留繩墨一幅倪黄細討論指點曹公橋畔路春時来訪

水雲村

僞聖人

有是仲明者其學初宗宋儒後貶斥之以爲古有仲尼今有仲明一舉一動皆學孔子每出門其徒數十人進退揖讓隅坐隨行真如七十子之服孔子也一時哄動以爲聖人復生陳榕門先生巡撫江蘇時嘗親至其廬墓處仲明著書甚多得之者如獲聖經賢傳後有一惡少與之戲探仲明將過以白金兩大錠私擲路旁遥見仲明四顧無人拾置懷中竟走詭一人哭而追之且曰吾賣女錢將以付催租人倘翁撿得求還我言訖又哭以試其心仲明竟若爲不知者頃刻閒諸惡少俱來從仲明懷中搜得之因此

聖人之名大喪袁簡齋小倉山房文集中有與是仲明兩書罵之甚快

真孝子

有某孝子者與是聖人同里其學甚博無所不窺詩歌古文特其餘事孝子自幼失怙家甚貧嘗負米以養其母為某制府幕客一日聞母訃即日奔喪將至家望城而哭離家數十步有闤市清水一泓孝子又大哭謂市人曰吾幼孤家貧以衣食奔走不能視母彌留尚靦然人面耶遂欲赴水死有救之一市人感動以為真孝子且有泣者及抵家憑棺號痛者三日夜親戚咸勸慰之自此齋宿于外言

動起居一如曲禮喪大紀識者謂某君者當不愧為讀書人也居喪不數月其夫人忽有娠孝子憂之遂下藥打胎夫人痛忍不止乃慢罵曰遠歸同宿夫婦常情以我性命博尔孝名如我死必為厲鬼以捉尔孝子也後章氏無恙至今鄉人尚稱為真孝子云

賊秀才

鎮洋縣捕快獲一賊為本學秀才許某解于縣縣令平公其政怒曰豈有秀才而作賊者耶重責捕快而釋之後許又于七都龔姓家黑夜穴壁而偷箱籠衣服諸件未及出而為主人所覺遂被執亦解于縣捕快禀曰今日秀才是

賊矣乎公卒曲意保全不至黜革惟鎖押而已此康熙末年事

狗和尚

康熙初年吾邑有屠狗者牽一犬行市中犬跽地哀鳴不走有僧見之為犬乞哀屠者索千錢僧曰易耳即募諸市中市人以犬故咸施與之如其值屠者去僧祝犬曰爾將歸而故主乎吾即置汝于放生池乎抑隨我行乞俾尔皈依乎犬摇尾繞僧三匝不去僧遂杖錫行犬亦隨其後僧或駐錫犬亦蹲地作跏趺狀投之骨不食與以蔬素者則食之後此僧結茅北里犬晝則隨行夜則繞廬巡警不少

休時人呼爲狗和尚云

御下以寬

康熙某年吾鄉秦赤仙爲家僮四人所殺，未詳其故。大抵書下過甚，有以致之。陶淵明曰：「彼亦人子也，可善御之。」若御下以寬，則無此事矣。太倉王西田相國性寬厚，一日退朝歸，欲洗足，先放足於盆中，童子以滚水沃之，痛不可忍，童子駭避。公徐云：「此童得毋驚乎？」不加呼斥也。

頑疲

余年十二三最頑疲，不肯讀書，尤不喜作時文。先君子訓誡綦嚴，至今猶以爲悔。所謂少壯不努力，老大徒傷悲也。

一日命作文題是叢竹猗猗半日不成一字日將暮矣惟有一詩云千竿脩竹碧無涯節影揺風隔絳紗託體重雲惟自喜盤根介石不開花擬隨杖屨稱君子為報平安寄阿爺誦到衛風淇澳句沉吟閑坐夕陽斜先君子見之大怒痛杖不已適表母舅葛公炳宗来讀余詩乃謂先君曰詩文一也能用意如此詩將来正未可量一笑而罷嗚呼詠一生不能自立奮身科第皆由不肯讀書作時文而今老矣尚何言哉

諂諛

有某觀察偶然弄筆臨小蘭亭一紙計三十三行中間又筆誤數字一門客遂以上石後有某君題跋以為誤字斷不可易古人常有之其廿八行之改為三十三行引米南宮董思翁臨本以為證殊可笑也一日觀察持以示余余笑曰自昔歐陽率更褚中令皆作廿八行公何以改耶觀察始悟乃知刻者題者之諂諛耳

塞外狗

吾邑趙侍御璘雍正初發往西藏寓邸生犬侍御養其一長毛潔白甚愛之每食飼以所餘踰年侍御沒犬號哭守

於尸前既殯臥棺下不遠離其僕扶柩歸犬亦隨之行歷山坂峻險數千里或蹲輿中或繞輿側柩入舟則隨之舟終日臥柩旁舟既抵邑境侍御夫人来迎哭拜畢犬向夫人搖尾若得所託釋重負者然家人具言其狀夫人曰取肉飯飼之犬食畢望北去不知所之余亦見吳門周春帆廉訪家有一犬黑色面如虎廉訪出塞時所畜既歸吳犬不離左右余偶謁廉訪于盤門里第犬必隨（僕）主人出堂主與客對談犬亦坐于前也余笑曰狗有忠心鮮善類人而不如狗可乎哉

人亦奇士也

富家

前明富家甚多如吾鄉華氏世居東亭田跨三州每歲收租四十八萬在洪武初年至今尚有廢宅及五大墓子孫無算又有鄒望者亦稱敵國之富有田三十萬畝僮僕三千人四十别墅而好訟致窮其宅在今後宅鎮之東地名南花園橋道基址猶存而子孫則無一人矣蘇州齊門外有錢槃者亦田跨三州每歲收租九十七萬今東永昌西永昌皆其宅基其墓在今滸河東張氏祠堂對河地名朱行涇墓門石柱尚存四邊侵削僅存半畝而已余嘗過其

墓有詩云生前占盡三州利死後空留半畝墳堪笑世間貪益富不知于我似浮雲蓋紀實也又閶門下塘有尚寶卿徐履祥者與其姪奉天府尹申富甲三吳宅大而廣如今之長船浜即其賬船所泊處江西會館陶家池花步十房庄六房庄東園桃花墩諸處皆其宅基也今人俱無有知者

西樓

西樓舊址在今蘇城之因果巷四通橋即袁籜菴所填傳奇中穆素徽粧樓也攷籜菴本名諸生以搶刼名妓穆素徽（嬋）一事褫草衣襟至　本朝順治乙酉蘇郡紳士拔誠者

浼籜菴作表賫呈奏上　世祖嘉之名為郎以京官議敘荆州府知府縱情詩酒不理公事監司謂之曰聞尊署中有三聲奕棋聲唱曲聲骰子聲袁荅曰明公署中亦有三聲天平聲筭盤聲板子聲也監司大怒因揭參其略曰大有晉人風度絕無漢官威儀由此落職其傳奇有所謂沈時同趙鳴鳳者俱吳江人沈係萬歷丙辰會元趙係第六名會魁以場中換卷事發俱黜革沈亦作望湖亭傳奇嘲袁麻子一時傳為笑柄

竹榻

某公為淅江巡撫夏日畏暑欲得竹榻一卧其屬官某聞之急取舊檀榻去其藤簟命工人購綫莊舊毛竹為之一夕而成次早以進聞者咸服其巧偶見梁溪雜事載張江陵用事時有邑人為都給事中者聞江陵畏暑難寢名巧工製竹夫人以寒玉水晶瑪瑙嵌為蛟龍雲雨五色璀燦涼氣逼人兩頭純用烏玉所費不過千金人巧天工目所未覩然此非一夕而成者吾謂兩人之心思如此用之治民豈非循吏乎

神笠

情死

祝藺田翰林嘗為上洋敬業書院山長有妾能詩工畫真才女也時有邑人沈某女嫁一吏亦能詩畫聞其名訪之兩女史甚相契愛自此往来無間一日翰林出拜客回妾忽不見問閽人亦不知也次早見兩女史衣帶聯結同浮後園池中不知何意此殆以情死者耶

絶對

宜興儲氏有僕人女才貌俱絶年三十餘猶未字因自作一聯云鳥惜春歸啣住落花啼不得且曰有人能對者即嫁之今數十年来並未有能對者

巧對

袁簡齋先生小倉山房懸一聯云此地有崇山峻嶺茂林脩竹其人讀三墳五典八索九邱余以為對仗未工久思拈晉唐人語對之而未得也一日同王仲瞿遊雲臺山憩法起寺時唐陶山觀察師禹門太守許石華孝廉皆在座中仲瞿云晉許邁有與王右軍書云所在皆金堂玉室瑶草琪花惟天台與此山足以當之矣余大喜顧仲瞿曰右軍蘭亭序所謂此地有崇山峻領茂林脩竹者真巧對也舉座稱善

朱蕉圃

友人朱蕉圃名海長洲人少工詩有午陰茅店合春漲石橋平兩岸綠楊橫釣艇數株紅杏護山家之句比長負才好俠家資數千金隨手散去不得已遊幕杭州為度支之術有同鄉女校書紫綃者善音樂能詩一時王孫公子莫不傾倒年未二十積貲萬餘金遁跡湖上所居甚宏敞使用鬚奴健僕冒為官眷意在擇壻也一日遇蕉圃恍若平生願侍巾櫛蕉圃笑不應有詩贈朱云負俠千金散鍾情一片心從今抱琴去何處覓知音遂不知所往蕉圃歎曰末路知心不意出之若輩嘗賦雜感詩有云長卿豈是長

貧賤千古文君眼獨明，蓋指此也。

王小川

有王小川者，相於一麗人，欲娶之，不果。丽顧其人，以事忽入空門，為比邱尼。小川訪之，贈詩二絶云：相逢無語淚空懸，羞向人前說舊緣。無限深恩酬一拜，只期來世月重圓。清磬聲中歲月閒，白雲深處隔塵寰。殷勤分付花陰犬，莫許劉郎再叩關。

伸寃得雨

吴門蔣敬夫太守名壽攝辰州府事辰州人素健訟蔣每聽事先為開導繼之以勸民德之有當堂悔過不顧終訟者瀘溪縣民婦廖氏寡居有隣邑庠生過雨避其門暮雨不止求借宿閽人入告婦以書生窮途許之令夫弟伴之食婦與生並未覿面也而是夕夫弟痧脹死其族長誣婦與生通姦致死問官鍛鍊誣服將報部矣蔣披閱申招曰安有死者無傷痕行姦無確據可殺兩命耶昔我高祖叅議公巡按天津有崔得祿崔得福兄弟陷于盜在靜海獄已定大辟叅議公細察實情乃捕役王姓與崔得祿爭聘少婦故

隘之立拘王姓至庭一訊而服即以崔之枷鎖移之遠近稱快叅議公嘗曰凡有死獄雖積年舊卷不敢忽視盖此中有天焉因當雪或得其隙我悉心求之天人感應在此一間耳時篋中有叅議公畫像即潔治一室懸像焚香禱告曰急欲為民雪冤禱畢假寐於旁夢叅議公示以姬相二字醒後凝思曰姬為周姓其人殆姓周乎終不解相字何義太守五子名奇年甫十二性聰明聞父夢恍然悟曰七月為相其人殆周七乎蔣太守召役詢之里有周七否役曰昨鳳凰營通判衙門為賭博案枷一棍徒名周七豈其人乎太守急告通判拘周七至曰殺人者汝也七訊而

冣蓋周七本里中惡棍慕婦少艾初寡囑鄰媪誘其改嫁而圖娶之婦堅不從蓄怨已久其族長亦以强繼不遂有憾於婦乘釁合謀爾遂定讞以周七與族長置之法而釋廖氏與生於獄時正亢旱甘霖大沛後此生於乾隆（雍正）丙午科領鄉薦

賣藥遇仙

錢其者世居元妙觀東以賣藥為業僅資糊口而已室中懸呂純陽像事之甚虔一日有癩道人襁負一嬰兒造門化齋與之青蚨一枚不去其狀頗穢錢亦無可奈何頃之卧兒於櫃上因遺矢焉錢大怒亟逐之道人曰無妨也吾去矣即抱兒起旋以所遺之矢徐納兒口中笑而去忽異香滿室錢猛省其為呂仙也追之里許見道人在前所負者乃葫蘆也忽不見錢歸而鏟其櫃木愈削愈香用以入藥效驗異常求者如市家道漸康今子孫猶世其業

張萍廬

婁東處士張萍廬隱于醫治疾神效為貧人診治輒不受錢年八十餘猶不扶杖步履如飛好吟咏有萍廬詩草一卷臨終吟一詩云衣食盡行還造化腹空無物証三生白雲一片隨吾去留得清風返五城既卒有白雲出衾中裊裊入半空而滅人咸以為仙去云初萍廬隱于醫少年時蒙館于城外之河川塘有茅山老道士来化齋張以斗米與之道士臨行贈以符一紙曰来年二月當有失竊以此符置枕中可免貧道以此報也如其言至次年已忘之矣一夕張于熟睡中大呼捉賊賊聞聲逃去鄰者皆驚張尚在睡鄉不自知也旦起視壁間有穴如斗大始信其符之

驗云

天雷壇

揚州平山堂有天雷壇在今小金山之後康熙初有某商者祀吕祖甚虔將立壇祈于吕祖乩示其地立之其默禱曰是地常種菜土甚污不可立也乩曰吾當遣五雷將急擊之遂為營度擇吉開工忽聞雷自地起盡翻污泥轉為黄土高七尺許因結是壇某居壇脩鍊者數年嘗設羅天大醮七七四十九日時有白鶴二十四隻蟠舞空中繼有元鶴四隻亦飛来蟠舞良久又有黄鶴一雙揺颺半空移時而去闔郡士民見之以為靈感所致云

祈雨

康熙四十二年蘇州大旱中丞宋公犖率屬赴元妙觀延法師胡德果建壇祈雨胡見宋公長揖不拜公笑曰如此大法師定能祈得甘霖如不驗當何如胡大恐請用月孛法是日半夜星月皎潔觀者如堵胡登壇裸婦人而仗劍指其私處施符念呪一霎時雲行雨施雷電交作胡急下臺奔至三清殿雷火霹靂隨之鬚髮俱焚胡急呼曰請大人接雨公率屬俱跪露臺大雨如注平地水深三尺衣冠盡濕踉蹌上殿然未雨之先此婦不知何來既雨之後此婦又不知何往相傳此法尚易但一動私念立即震死非

正心誠意者不能胡即施亮生師法姪也

邵北崖太史于雍正四年典試四川七月七日行至褒城縣宿時天旱自山西平陽至此行赤日中幾千里處處祈雨是日褒城令延紫柏山羽士某登壇作法少頃曰今日當雨但黑雲若從東南來予不免矣須臾雨果傾盆而雲起東南忽發一雷道士竟殛死

雷擊

余少時聞雷擊一人甚奇有鄰近鄉人往蘇城買糞肥田偶泊舟大家後門忽聞窓上倒一物正在糞中問何物曰冷飯也一嫗大驚言之主人主人曰不難急問鄉人此糞

所值幾何鄉人本千文耳詭言三千餘文乃如數與之并加盤費六百文俾其棄諸太湖詎鄉人既得錢仍以肥𠂢及𠂢熟上城貨賣船正到岸忽霹靂一聲鄉人震死一船西𠂢每𠂢穿一孔如線香大臭之氣如琉黃不可食矣此乾隆廿八年事

半臂先生

江寧高晴江名大椿生而缺一右手自號半臂先生嘗與人言其母夫人懷孕時有濕疾甚危篤醫家云若得全黑狗前足煎藥飲之或冀可愈也果如其言迨分娩時其母夜夢黑狗追噬其前驚醒而生後大椿遊幕蜀中入西藏艱苦備嘗當事延為上客者二十餘年僑寓關中甚愛客尤提掖寒士有小孟嘗之稱

借尸還魂

山東長山縣徐姓者家道小康生一子延師上學至十八九歲一字不通遂癈業忽一日病死越夜復生覺言語舉動異于常時自言我是江南常州府西門内秀才衛某何來至此遠近親戚俱不識認蓋借尸還魂也越數日弄筆作文莫不驚異次年遂遊庠中某科副車袁叔埜親見之為余詳述如此

殺猪攪煑魚鍋

杭州武林門外有女五嫁而夫輒死鄉人目為殺猪攪言一卧於上即死也又鄰近有一人五娶而婦輒死鄉人目

為煮鱔鍋言一掩其蓋而即死也於是有好事者為之作媒成為夫婦子女滿前白頭偕老此亦天然配合

覆舟

道光四年十一月十一晚西北風甚狂北望亭有覆舟溺死者上下六口有一童子年十四五躲在船頭僅濕襪履脫然無恙先一夕此童夢有金甲神飲以酒是日如醉如迷竟不知有覆舟之事也

三種新聞

康熙五十二年南濠姚家衕失火延燒東至吊橋西至普安橋北至山塘適藩司牟公從滸墅關入城臬司干公出城救火內外夾驅以致渡僧橋躋亂（畔蹂躪而）踏死者以千計當時有千火冒牟殺人之謠是年有虎入城跳入北街歸田園內不知從何而來鬧兩晝夜人心皇皇近隣遷避兩縣一府知之急傳四營鳥鎗兵並獵户進園放鎗打死又是年夏六月滄浪亭乘涼者于黃昏時見有一巨人長三四丈如開路神狀次夜復見兩巨人觀者如堵有膽力者直前逐之奔入林眉峯家衆排闥而入見有一客正剪紙為人

急稟官差拿客大笑随入墻中遁去詢之知為業經正法之妖人朱方旦徒也遂執林審問受三木數次不知来歴當時稱為三種新聞

王琨報恩

王琨不知何許人康熙四十年間来蘇自稱趙將軍良棟麾下負弁將軍付琨銀三萬兩命其赴蘇置辦嫁粧綢緞之屬一路花消抵滸墅關僅存千金又與關吏訂交僑寓未幾流落不堪琨畏罪未敢歸去借居天庫前火神道院其住持道士申某人頗落拓意甚相得琨狀貌魁梧有力如虎傭工力作不辭勞瘁惟善啖每日不飽日向近處麵

館飯鋪酒肆中求乞殘羹冷汁以充其饑或憐之或叱之撫置不較每逢朔望與各營相識者募錢若干買猪首及肝腸心肺等物煮于一鍋又買麵若干分為四鍋調成跎路始得暢然飽餐一月中惟兩次饜足而已四十六年

聖祖南巡遇舊識者謂良楝已死事亦消靡何不歸琨乃辭住持而去後以從征臺灣有功不次超擢雍正初年陞狼山總鎮路過蘇州詣火神道院叩謝申某畀以千金餘衆各有所贈舊嘗憐之者各予百金以報知己一時傳為盛事

修志擅削人名

江陰蔡芳三寅斗乾隆初舉鴻博科未與試後中丁卯科舉人官國子助教名震江左蔡嘗與修揚州府志有明季都司某曾降　本朝在名宦傳并有專祠蔡笑曰貳臣也尚稱名宦耶擬削之夜夢甲冑者揖而言曰予即都司某也當日不降則城盡屠矣且投誠後有保障功得以撫輯遺黎安全百姓上帝以我有功故能血食于此公其諒之蔡寤後復笑曰臣無貳心〻既二馬何心可諒遂削之并告郡守毀祠撤主蔡自謂懲逆勸忠吾儒快事也其後蹭蹬棘闈至癸酉科會試于闈中白晝見都司某詈而擊之蔡叩頭哀求願改志文

修復祠廟不許入夜自縊

鬼好名

雍正九年邱北崕太史泰與黃宮贊之雋同修省志于江寧時分較者二十人俱名士虞山陳進士見復湖州戴孝廉炳分得節婦一門陳公曰志貴簡核上下江州縣節婦約以萬計宜比童子試例府取減於縣院取減於府尋常節婦可不存當錄其事實尤異者黃與邱俱不可謂試事遴萃拔尤自宜遞減節婦乃閨門獨行何從定其優劣耶如謂省志人多但當摘其奇烈者節錄數語尋常完節止載鄉貫姓氏及其夫名姓而已衆諾之壬子冬戴君上公

車癸丑三月忽命急足馳書至局云在禮闈首場夢見一婦厲聲曰我一生苦節何故于省志中削我名戴諤然徐詢之云是潛山縣某氏爾將我名爇飲矣戴不解其語因憶在局時案卷紛陳時天寒取紙引火薰酒瓶潛山節孝卷冊或有悞以爲癈紙而爇之者昏瞀中叩頭祈請婦怒稍解囑曰此時書局猶未竣尚可補錄語訖而去至二場復夢前婦責曰爾出場不即馳書補我名先顧自己科第乎我斷不令汝成進士汝速出馳書姑貸汝戴以是不得完場因特札告知志局速向潛山補求節婦冊無遺一名爲幸黄與邵亟從之邵笑曰若如陳君所言爲祟者豈止

一節婦乎鬼之好名如此

夢叙年誼

康熙甲子江南鄉試蘇城蔣助教坦菴先生（名文源）已定第三名登草榜矣因房考必欲中元拂主司意遂擯去榜後悒鬱甚一夕夢至古三皇廟見黃帝有熊氏抬而語之曰汝賢子也他日吾與汝當叙年誼蔣再拜而醒醒後以為夢境恍惚不足憑及乾隆己未會試蔣之孫應焻中會魁榜首會元乃軒轅誥也先是郡中表章先賢學宮增祀蔣之父榮祿公名之逵得入祀長洲縣學鄉賢祠則賢子之稱亦預為之示矣

培福田

蔣封公名之逵字佚圃由恩貢授縣令以母盛氏苦節未旌不赴選康熙己未巡撫慕公鑒其純孝至誠為盛氏題旌重公文行事必諮訪嘗特疏題免吳中夫役從公言也公即捐資勒疏於石建碑亭於胥關吳民至今賴之生平善行甚多尤重倫紀康熙乙丑歲有家人綦侵蝕萬金人勸公鳴之官公猶豫間盛太君曰業已侵蝕鳴官何為盍為六十年後培福田乎公受命即置不問夜夢金甲神語曰救人一命報汝一品公由縣令改中翰子孫貴顯十遇

○覃恩累贈榮祿大夫崇祀鄉賢乾隆乙丑會元元益其曾孫也則盛太君所云六十年後培福田一語似預知之

名賊

嘉慶十八年秋吴門朱家園茶坊中有一人美髯白面鮮衣華履常來喫茶與人接譚則吐屬風雅詢其所寓在左近一空房中並無他客也有元和縣捕役平桂者頗疑其人每至静夜伺其出將獲之守至三四宵絶無影響一夕忽見屋上黑影一團其疾如燕平追之數里越高墻而去不知所往矣次日早起平卧内並未開門有空書一函洋銀二百畨刀一把揷平枕上平不覺也異哉此等絶技不用之於正道而乃為偷兒可惜已

九王崖

利州九十九峯俗謂九王崖嘉慶六年三月初一日叅賛將軍德公遇賊於九王崖德公所統皆香山勁旅前敵又是新勇能洞悉賊中情形由南江之木門道探聽而来賊兵三千餘人黎明齊至九王崖正在空屋內造飯不慮官兵驟至三面兜勦斬盡無餘是日午後經畧大臣額公又從東来兵勢益壯兩帥會合各派兵弁分投截殺初二日辰刻賊目王四虎隨帶戰手五千人為前隊一切難民暨賊營眷口六千餘人為中隊而大頭目張漢朝帶精兵壯士五千餘人以殿其後適大營傳叅戎所統提兵来卒遇賊於大石板幾為所敗

賴索倫總領恒公繼至鳥鎗弓箭百道盡發賊少却賊中隊將至崖下遇額經略大隊前来未交而遁官兵人人自奮呼聲動天響應山谷賊人大恐自相踐踏致前後兩隊一時盡敗斬賊首七千餘級生擒賊目張漢朝回營各官兵自勦滅川匪此後最為痛快余族弟小癡在軍營親見其事

刮耳巖

四川崇化屯屬之刮耳巖爲大金川要道棧路蜿蜒約長三里許山巖削立石壁峻嶒俯視大江濤聲如沸往来之人皆捫壁附石轉側傴僂偶一顛蹶便不可測自阿文成公桂奉旨平定噶拉依嘗循巖際築石爲欄行人莫不感頌壯行七十里地名龍登碉即福貝子駐兵處初貝子年十九以頭等侍衛統兵隨定西將軍温公福征勦大金川叛酋莎羅奔進駐龍登碉兵潰且戰且退行至刮耳巖痧暴發貝子墮馬家人恐誘之而遁時有重慶營戰兵王貴者見之奇其貌背馳七十里始抵沃什站適阿文成公自西路撤兵至大驚急

令隨營太醫胗視一面備暖轎送貝子入關此乾隆三十七年事也至五十年四月貝子節制全川閲重慶兵憶及王貴事飭鎮將物色之詎王貴退粮已久孑然一身作皮匠為業貝子召至擬拔以千夫長貴力辭貝子知貴性嗜酒乃以千金為置一酒舖報之貴既無妻子年老龍鍾日置酒歡呼為樂以此自終蜀中人至今傳為佳話

巫山十二峯

巫山縣在陽臺之麓，遠眺神女諸峯，歷歷如繪。唐高觀在城西三里，濵臨大江，山門上一題曰：癡人說夢，真妙絕也。所謂十二峯者在城東明月峡口一曰望霞二曰翠屏三曰朝雲四曰松巒五曰集仙六曰聚鶴七曰净壇八曰上昇九曰起雲十曰飛鳳十一曰飛龍十二曰聖泉然峡中袛十一峯其一在巴東北岸也

大佛崖

漢嘉淩雲山之大佛崖瀆沫濛三水會源於此悍流怒浪不敢逼視唐開元中僧海通于水濱鑿山爲彌勒像一區高踰三百六十丈建層樓于巔以覆之至今尚在稍南即爲郭景純爾雅臺其下產黑魚巨口細鱗食中美品

八陣圖

諸葛武侯八陣圖有三處一在沔陽之高平舊壘二百五十有六下營陣法也一在新都之唐家市二十有八當頭陣法也在夔州者六十有四方陣法也高平舊壘遺蹟久湮不可問新都唐家市地當孔道陣在市西栅口壁壘整齊圜以土垣其石皆猙獰奇峭相傳至今常有殺氣自陣內冲起如濃雲然其在夔州府魚腹浦者圖在江滸石磧上正當瞿塘峽口每歲夏秋江水暴漲巨浪冲激石隨水下及水涸往視屹然如故二千年來完好不動亦奇事杜少陵詩云江流石不轉遺恨失吞吳蓋紀實也

東閣官梅

四川崇慶州署花廳前有古梅一樹相傳為千百年物也杜詩東閣官梅動詩興即此又有古柟一株亦唐時植

酆都

酆都舊名南賓縣。康熙間忠洲[?]教匪陳坤滋事，城陷印失，隨奏改為酆都縣。縣東北五里許即平都山，山上有二仙樓，漢王方平、陰長生修煉處，至今丹井尚存。雍正間有道士欲附會酆都地獄之說，以聳動愚人耳目，遂募資建閻羅天子殿於山麓，指丹井為酆都地府門戶，殿內鬼判皆極猙獰，復施機楗於四維，其各種鬼魔俱能行走。

冥司亦有律例，與陽間不同，賞之最重者忠孝節義，罰之最重者奸盜邪淫也。浙中有某進士，平生無大罪過，而喜於看女人，每當春秋佳日，與一二輕薄少年往来於西湖之上，一見紅裠翠袖，便爾逐隊隨行，以為樂也。一日夢至陰府，冥司謂之曰：汝眼淫一事，折盡福禄，例杖八十。遂受杖，似不甚痛，命兩鬼押下，忽見遊女，仍看如故，兩鬼大笑

眼淫

曰受杖未須過猶不改尚為讀書人耶又紐以禀冥司復杖八十則痛不可忍醒覺烱火彌天床帳焚如急呼家人撲救而兩腿已燒爛矣醫藥數年終未全愈常以此事告人警戒後生三年而死老友鮑綠飲先生為余言之鑿鑿

席孚若

虞山釣渚渡有席孚若者以耕讀為業家有良田五千畝每至七八月稻禾齊秀之時見有茂盛者召其佃来奬賞之荒蕪者則叱罵之俱記其名姓至收租時為之賞罰是以一鄉之人莫不勤儉以治其田者數十年間家家溫飽

案新唐書張全義尹河南出見田疇美者輒下馬與僚佐

共觀之且親至其家悉呼老幼勞以酒食賜以茶緣有田荒穢者集衆杖之或訴以之人牛則召其隣里責使助之由是比戶豐實遂成富庶即此意也

狗乳小兒

武進西南鄉石佛新橋地方有王姓者頗饒裕主人死無子其婦有遺腹族人覬其產以五十金賂催生者曰男也急刺殺之催生者如其言旋埋於荒岡之上其日王姓有母狗倏不見越七日而歸則望產婦搖尾啣其衣襟若欲指示之者婦異之隨其行直至埋所忽聞小兒啼哭大喜抱之歸蓋此狗已為小兒乳數日矣

國朝康熙間年大

將軍羹堯初生時爲嫡母所妬棄諸猪圈母猪爲乳月餘
其事相類

中

乾隆乙丑會試前蘇州韓瀝芳洗馬夢射果子懸一大錢為正鵠射者千人莫能中後有一人連發三矢悉貫錢孔視其人即蔣時菴元益也是科果中會元又時菴于場前主堂叔方槎員外寓中方槎期望甚切夢至野田間一儒者上坐一儒者侍側皆古衣冠頃間時菴進即跪于前上坐者以手模其首未幾上坐者去侍側者又與一簑笠農人語方槎詢之曰上坐者至聖先師侍側者仲夫子簑笠者為荷蓧丈人且曰今日相會特為先生報喜他年再值喜氣重〻也方槎醒即誌之是年會試題是孰為夫子三

句時菴遂以第一人館選閱五年方槎之子復焻舉庚午北闈次題為發憤忘食三句又在孔子與子路言語中後時菴官至兵部侍郎復焻為刑部郎中

端公

蜀人尚巫不喜醫藥巫名端公有疾則迎至家必于昏夜鳴金擊鼓跳唱終宵辭語鄙俚然竟有邪術可以駭人聽聞者能以利刃將頭劈開一手按刀一手用符水向頭上一抹頃刻長平全無痕迹或用鐵犁烈火煅赤跣足踏上青煙直起絕無所損或以鐵索燒紅繞頸臂上或用尖刀作梯跣足行刀尖上行步如飛全無所損種種惡狀不可勝記然用之治病絕不見效惟外瘍及跌打損傷頗有驗人患外瘍能移於樹木或雞狗身上雖至腸出骨斷亦可頃刻而愈或身被三木反熟睡毫無所苦甚至踝骨敲碎亦能將骨剔出用碗沙

團作踝骨形嵌而愈官吏不能禁也有犯罪應死者當道將脚筋割斷姑存其命而被割者反深慶幸云幸得割筋了事如荷校則困矣總恃邪法可療是真梗化之頑民堯舜所不能治也據蜀人云此術渡江則不靈故但能於本處行術糊口予友周竹珊司馬嘗隨其尊人晶齋太守官蜀中親見其事有跳端公新樂府頗有懲戒

田三姑娘

宗懍荊楚歲時記劉敬叔異苑沈存中夢溪筆談以及歲華紀麗白孔六帖顯易錄稽神錄遊宦紀聞睽車志夷堅志俱載有紫姑神常以正月十五日夜祀之俗稱坑三姑娘者是也吾鄉又有田三姑娘者亦以正月十五夜祀之其禮命童男女三人持飯籮箕一隻銀簪一事一人照燈向東南方田中坐定一人細語問大姑娘在家否一人代荅曰不在家又問二姑娘在家否荅曰不在家又問三姑娘在家否曰在家因請曰乞梳頭又曰乞裹足乞肅粧俱應聲然後將銀簪插籮箕上緩緩而行行至內堂置案上以香燭陳于前問其桑

麻之豐歉人事之吉凶年紀之大小無不驗也問畢仍照燈送原處以此爲兒童嬉戲之事又嘉興風俗以淘籮迎神名灰七姑娘亦此類

死而復蘇

乾隆丙子歲吴門大疫有黄慎明者住王洗馬巷年逾弱冠染疫死半日復蘇自言入冥時路遇亡友謂汝禄未盡何以来此鬼差引入一室見衆囚被縛號呼甚慘慎明因朗誦大悲咒一遍見諸囚縛者皆自解居有頃内有一吏大呼而出曰此人無罪何得拘来叱鬼差每一鬼杖二十遂放還王素行本醇謹自此益脩仁積德壽至七十餘而卒

放黿

康熙間有丁先生者以課徒為業十二月廿四日解館回家路過村莊見有人一叢老少聚觀是大黿也問之漁者索價五千文丁探囊中惟有四千躊躕未買有鐵匠某亦來觀慨然以一千文為助遂將此黿送入太湖頃之黿復起浮水回顧須臾而沒丁至家其妻待以過年貧迫殊甚丁為別措之至元旦夜忽夢黑衣人來謝且云北門外某號行有鐵稱錘三百担君為買之丁至行果符所夢遂傾家購之隔數日丁偶遇前鐵匠遂倩其鎔銷皆白金也丁是以致富鐵匠亦分潤焉其子孫世居錫山至今猶盛

救鱔

休寧吴期安販木浙江夜夢有尖冠黄衣人兩船叩頭求救是日適見鱔魚二舟期安忽思所梦以四千錢買之放生其明日所載木簰為大風龍陣吹散使人打撈得數十萬株皆别家物也從此得利為巨商富者三世

父子不相類

王蕺園中丞師山西太原人蘇州顧吏部予咸之外孫也幼育於吏部家乾隆十二年為江蘇布政使慈惠恭儉為安撫軍劾去十五年公巡撫三吳禁止加派夫船按籍給值胥吏無由需索民人悅服次年夏少雨步禱赤日中日行數里復以米價騰躍積憂成疾遂不起彌留之際猶目視所親笑曰生於蘇死於蘇命也子亶望由甘肅布政使陞浙江巡撫以匿災冒賑事正法父子之不相類如此

婚姻大刼

康熙四十五年蘇松常鎮一帶訛言有司奉文點秀女千人觧京賞邊于是遠近鬨傳有女之家皆倉皇無計不論門楣不擇佳壻幸結絲蘿如繹重負有朝問名而夕合巹者有纔締姻而即成婚者有張家女而悞擡至李家者有李家子而悞贅于張家者鼓樂之聲晝夜不絕一時絲緞綾羅粧奩茶果等物價增數倍轎夫執事人役奔走不遑或有僞稱受聘而以糕果分送親隣者其實並無此事真婚姻一大刼也

顧少司空

京師地形高燥灰土素多舊例順天府向五城要潑水夫每城索錢七八十千不等街坊總甲遂科派鋪户斂錢以以飽其欲雍正五年吴縣顧芝庭祖鎮官給事中巡視西城即令指揮將索錢差役拏觧枷號示衆由是五城概不復與而陋規革除又五城于冬月設飯粥廠顧黎明親往風雪無閒一日總憲下廠其家人轎夫等横索錢文顧召而語之曰若欲錢予脱我裘質庫可也其人叩頭乞罪不敢復言有孝廉某者專以假裝失事報坊訛詐良民顧即奄至其寓廉得其情孝廉情窘畏法哀求而去顧後歷官

至少司空

請客

余於乾隆五十七年始入京師其時士大夫俱尚豪華喜於交遊每請客必用海錯如燕窩海參魚翅之類以豐為敬至一席菜用白金一二十兩不等争相角勝必邀客一賛為榮至嘉慶四年以　國喪例禁此風漸〻衰息近則物力愈貴價值愈昂而豪華者亦變為儉樸請客亦漸〻少矣

丹陽驛亭題壁詩

庚子十月有士人自金陵歸夜宿雲陽驛見粉壁上有七律數章似仿少陵秋興字蹟糢糊僅記其一首云七年之病可憐生一卧煙雲午未醒忽夢東瀛翻綠水豈知南國信青蠅盧龍已去無消息蒭狗咸來當甲兵安得樓船三百萬乘風連夜斬長鯨味其詩意不知所云何事似是嘆煙詩

納糧

昔吳中漕糧屬民間收兑貽累不小以此破家者十之八九至雍正間吳民徐允武陸在新二君首唱條議請行官收官兑之法當事允從至今賴之然日久弊生莫能禁止茲以蘇松常鎮太四府一州而言糧戶苦于官之浮收官又苦于運丁之須索及土棍之漕規至拆毀官廳毆官搶斛訟獄連年以此貽累破家者亦十之八九今欲再求良法不可得矣

運丁

國初運丁桀驁官不能制順治辛丑冬借運糧之名斬伐河濱墓木殆盡吳門蔣光祿墓在婁門外壩基橋大樹數百株亦遇其厄有廪生名揆者光祿六世孫素有肝膽聞之大哭即偕從叔進士德峻從弟中書之逵告之縣官會勘運丁千餘人蜂擁挺擊三人體無完膚有義僕某即日徒步至京控部 上聞有 旨命總漕會同巡撫嚴審遂殲渠魁于塋前以示懲誡自此運丁漸〻安靜而諸大家墓木克保無虞康熙中揆由 恩貢 朝考一等引見時有大臣言於 聖祖曰此即懲運丁之以保坆墓

之蔣揆也

八分

今人每以八分與隸書渾而為一其實有二道焉在秦漢時分隸已兼有之矣唐張懷瓘書斷云蔡邕八分入神隸入妙又云張昶八分碑在華陰即隸釋所載華山亭碑是也八分者秦羽人上谷王次仲始作用方筆作書較篆為簡易以便急速之用故又曰隸書漢和帝時賈魴用隸字寫三倉隸法由茲而廣蓋八分為小篆之捷隸又八分之捷也其贊八分曰龍騰虎踞兮勢非一交戟橫戈兮氣雄逸其贊隸則曰摧鋒劍折落點星垂推其說則出鋒者為分藏鋒者為隸也東漢一代之書有分有隸亦有分隸參半者至鍾太傅則全用

隸法晉唐真書皆出於此故顏魯公楷書猶稱隸書也

宋搨蘭亭

蘭亭之刻始自開皇唐文皇繼之至南宋時翻本已至千餘家紛紜聚訟浩如煙海宋理宗内府所藏者百十七種賈秋壑所藏者八百種陶九成輟耕錄所載者一百七十七刻桑世昌蘭亭考所載者又數百種俱不可得而見矣嘉慶三年三月在吳門陸謹庭孝廉家見宋游丞相家藏蘭亭編次甲乙前有藍籤標明後有丞相手書題識一為向子諲所刻高廟本丙之四一為向氏麻道崇本丙之五一為復州本戊之一一為九江本辛之三一為桂林本辛之十一為唐安本壬之三一為續時發本壬之十一為家藏石本癸之三一為

范太師本癸六之一爲唐陸柬之蘭亭詩癸十之一爲得自玉泉僧本失原識甲乙蓋丞相家藏本有百種此其十中之一分耳 國初爲真定梁蕉林家所藏後歸商邱宋牧仲中丞又爲桐城張晴嵐侍郎所有既復歸商邱陳望之中丞中丞出塞時嘗携以自隨爲千金不易之寶前有晉府圖書明時本藏晉藩相傳宣廟時嘗進內府以鼎革後散布人間者也

嵩山古栢圖

張墨岑名宗蒼吳縣篁村人善畫　高宗南巡在揚州平山堂見宗蒼所畫稱賞　特召為畫苑總裁留京師者十餘年名聲甚著墨岑嘗遊嵩高山見漢時所封大將軍古栢一株高不逾三丈而圍抱過之鐵幹霜枝拳曲可愛因畫巨幅携歸吳門適同鄉蔣繡谷六十壽因以為贈事隔七十餘年畫失去久矣繡谷孫立崖司馬從肆中得之嘗賦詩記其事嘉慶戊寅歲余偶在陳十峯中翰家見之則知司馬沒後又為中翰所有吳因借臨一幅仍還之俾為世寶云

鄒二癡

吾鄉鄒二癡名德基字公履自號磨蝎居士為前明吏部尚書迪光子工書出入平原北海之間至今尚有藏其筆墨者二癡為佳公子不肯應試亦不肯與時輩相頡頏每日書數十紙書就輒燒見者絶少故亦不甚著名其書縱横馳驟尤長於碑榜之書實在文衡翁祝枝山之上也余嘗見其題壁詩云

鬚眉誰不具品則天與淵或為物所惡或受物所憐見惡斷人情乞憐看人面人情何必聯人面何忍看是故烈丈夫可殺不可玩萬靈貴間氣大道去偽善姑舍聖之和效

法狂與猖顛倒醉夢中誓不步鄉愿挺身聽百折立意扨一便涕笑皆至理衾影亦光燄燒書薄腐儒求晉入酒伴嘔心進知已覔頭養寶劍景已迫棄榆肯作瞌睡漢縱減床頭色豈以家為念國手非不奇良方未經驗風靡巾幗尊道喪男兒賤雄心雖甚熱市道安作羨高官衆所矜厲鬼吾之顧一任嗤者薫憑嘆者嘆聲名死後多放逐生前駱駝腫背馬多怪由少見余觀此詩洵知二癡之非真癡也

仇十洲募驢圖

明朱性甫嘗倩仇十洲畫募驢圖卷今藏歙縣吴子華家是仿李龍眠白描法畫朱性甫小像前有一僕牽驢而至性甫熟視如相馬然無補景也徐昌穀爲作募驢疏云稅驂贈友昔者聞之有馬借人今已亡矣朱君性甫白首窮儒宴息中林時思放蹟蕭閑布褐自愛騎驢欲削表文封曰匡廬處士深然漢志宜于山谷野人無囊可探歸空問婦丐言雖拙仰欲謀朋老者安之惟仁人爲能布惠傷哉貧也故友道重夫通財市轡既藉乎高賢執鞭何辭于賤子訪交呂氏行將特特以臨門好酒李生會見騰騰而過市廛垂明覽不鄙微言

後題弘治己未季冬望後一日東海徐禎卿撰

陝西永壽縣城西五里靈覺山下地名堅固庄有觀音普渡寺其寺依山營構山根靈泉湧出流注佛座滙為湫池由来已久乾隆五十一年五月亢旱大田望雨甚殷特元和蔣肯菴刺史基為知縣率屬齋心虔禱憂勞備至一夕寺中老僧夢大士告曰蔣縣令讀書君子汝速告知於吾蓮座前湫池取淨水供置雨壇則甘霖滂沛矣五鼓僧至雨壇見縣令已匍匐壇前即以夢稟蔣大喜自至寺取水到壇焚香頂禮頃刻得雨五寸是歲轉歉為豐中丞芝軒秦公承恩異其事作普渡寺靈湫志合省官員各有詩文為記

么姑

么姑者爲貴州大定府猓猓世襲土守備吴玉堂之女玉堂曾中某科武解元么姑年十四五美艷絶倫許字水城土官子某猓猓風俗凡女字人必張樂設宴邀賓客大會於家女盛粧使兩婢扶掖出堂行酒以爲常也有武生陸文鳳者爲吴玉堂外甥與么姑爲中表兄妹見而心艶之遂投府告狀詭言母舅賴婚此女在腹中時已與結姻矣太守王某受陸賄竟斷歸文鳳尚未成婚也會嘉慶元年苗匪滋事水城土官子奉調守禦死於軍中玉堂不得已又改字故家子菉王瑞然文鳳思么姑終不能得乃率領百人黑夜持刀直入母

舅家扎傷一婢一僕擊搶么姑而去玉堂聞其變遂大怒急
部集手下千餘人追至三十里外復搶么姑而還文鳳益控
告不已案延四五年不結王太守故糊塗遂詳上官妄斷配
文鳳押令成婚上官某亦聽太守言至吳玉堂革職收禁杖
斃玉堂弟玉綸有冤莫能申也時汲縣林公溥正為安順府
奉委審訊平其獄仍以么姑配蔡王瑞當堂結親罪文鳳徒
三年復玉堂官其枉斃事亦不能辨也公嘗賦么姑曲云
蠻部妖姬年十五紅錦束腰花抹乳嬌倚春風猶未嫁父
長千夫錦衣戶一朝奇禍起蕭墻么姑真欲成妖蠱女戎
禍水古亦有不聞池殃及父母中宵排闥刼珠孃侍婢蒼

頭血濡首馬上橫揞玉一枝劉袍草帶裹凝脂阿翁聞變
肝腸裂夜半鳴鉦集健兒躡跡飛馳三十里遥天欲曙前
徒止千金趙璞獲全歸骨月重逢悲復喜荳蔻歲雛僥倖
完驚魂初定涕汍瀾戟門冐死陳哀狀嚙血題寃達上官
衙鼓沉沉短主簿能令公喜能令怒黃金不屑贖娥眉强
項東君强作主五花親判促乘龍忍辱忘讐誓不從家難
未平官訟起終朝鞭朴索情儂鋃鐺聲慘烏臺畔縲絏羈
魂腸寸斷古言養女勿悲酸今為門楣死生判紅顏白骨
兩搒休別有飛章搆秘謀李父喪身猶告密阿翁褫職尚
誅求於戲循良二千石天鑒民巖在咫尺自古原無鐵鑄

錯清議翻為使君惜君不見蝗辟境虎渡河善氣感召禎祥多曾聞苛政猛於虎無寧政拙培天和又不見明妃村綠珠井尤物妖身致災眚匹夫無罪重懷璞冶容謾藏戒宜省君看陌上農桑女饁畝蠶繅春晝永夭桃灼灼出東鄰空引銀瓶悲斷綆

登樓雜記

四

榷關

嘉慶五年阮雲臺先生為浙江巡撫杭州有北新關向例為巡撫所榷前榷關者每年賦稅常關賠墊累累視為畏途先生甫下車即召關吏謂之曰爾等知賦稅之所以缺乎皆由汝等過于苛求故商賈之不至耳遂手書一聯拈于稅廳上云古者關無征後世不得已而榷關當知此意也其下聯云
朝廷賦有式小民如其分以納賦可使之怨乎從此關政頓寬未一兩月而商賈雲集不特賦額無缺而有贏餘人民感頌

良友

乾隆中大金川鬧〔滋〕事旗兵有伍某者將隨大將軍阿廣庭相國出京家惟一妻少艾而美臨行託其友德某曰倘有缺乏必求賙助德允諾及伍啓行後不過贈其千文並無所謂賙助也伍妻託人再求之則謝曰汝家薪水恃我一人終非常局盍他求之而潛使一老嫗往伍家曰老身與德為隣無子女而衣食尚豐足素知大娘寂寞來作伴可乎伍妻曰貧無食柰何嫗曰易也老身佐大娘作針黹便可度食毋憂也伍妻喜遂許之及嫗至帶一篋甚重啓視之則綾羅雜緞長短不齊及青蚨數千而已乃延之同居如姑媳然每繡成一件

嫗即持之市往々倍值如是者數年後伍以功補守備始回京妻告之故伍大恚曰吾原知託人無益也德知伍歸往拜之謂伍曰君自出門家中無凍餒憂君知之乎便以其妻所繡者盡還之且曰余之晦言尚施者所以示艱苦也余之絕跡不顧者所以別嫌疑也使之自食其力所以誠他志也伍夫婦始感自慙悟惟拜謝不已伍後官至參將生一子一女女即配德之子以筆帖式出為同知嗚呼世之論交者多以勢利為心反眼若不相識天下皆是也乃有始終仁信委曲矜全俾投軍旅者無內顧之憂守閨幃者無呼庚之患施其德而不言其功用其謀而不失其智如德者可謂良友不負

所託者矣

馬營壩合龍

東河馬營壩漫口事在道光三四年間有叅將盧順者自江南河標調工辦事一夕月色微明忽狂風四起鬼燐畢集見壩臺上立一獸如黑犬金眼長尾徧身火星不啼不躍逾時而去諸鬼燐亦旋滅是時已三更壩心陡裂在工官兵人夫數十百人莫敢前者惟順有膽略用竿拭探隨塌落水衆方驚駭而隄合矣深厚堅固不勞人力豈非有神人護持者耶河帥某公以實奏　聞照陣亡例贈副將銜廕一子授雲騎尉世職

爽約

乾隆甲寅歲嘉興王仲瞿流寓金陵窮迫異常有秦淮女伶贈之三百金速其鄉試曰君如得捷音當嫁爾為妾是科果中式袁香亭太守有詩云司馬才華新及第文君風度正當年我来願作絪緼使可要紅絲一線牽而仲瞿竟爽約乃又娶紹興金氏女能畫工詩不十年而死仲瞿亦坎坷終身

漢裴岑紀功碑

巴爾庫爾關帝廟中有漢順帝時燉煌太守裴岑碑字蹟糢糊後有立德祠以表萬世之語或曰德字當作海字嘉興張叔未解元曽重模一本亦云海祠余遂問叔未海字作何義叔未云海大也後見紀曉嵐相國筆記謂裴岑碑在巴爾庫尒城西十里海子上乃知實是海字謂立祠于海子上故曰海祠也相國嘗出塞親見此碑是不誣矣

前生作孽令生報

余弟子華士儀字季汾年未弱冠絶世聰明多才多藝在余家從事筆墨多年後往閩中省其父遂習度支之術亦甚領

會不二三年遂得一館每年修脯六百金可以為衣食矣到館未匝月忽自縊闔署驚駭不知何故及啓其箱有自書十一字曰前生作孽今生報竟有此事究不知其作何孽也可知作孽者雖前世亦必報況今世耶

朴作教刑

嘉慶十六七年間善化盧麓西觀察為蘇州太湖廳山中有不孝婦虐其舅姑事聞于廳尊盧便喚其婦而責之婦仍譁辯乃笞之數十婦號泣曰自今以後弗敢弗孝矣即釋之越十餘日盧忽召其舅問爾媳近日能改過否曰謝公訓責大改前轍自此東洞庭山一鄉之婦莫不警惕尚書曰朴作教刑此之謂也

靈光

相傳神佛頂上俱有靈光高尺許見於佛書見於畫像余不甚深信而不知凡人頭上亦有靈光也於何見之試于四五

月夜秧針初齊之候散步看月在秧田上小立自顧其影頭上乃有光一圈其色略淡若於他處則無之即所謂靈光也不知其理紀曉嵐相國云凡人天良未泯者其頂上必有靈光鬼神所畏天良澌滅則靈光自息鬼神近之矣未知確否

預知刼數

乾隆五十二年十月余始出門負米出鎮江至蕪湖從巢縣廬壽諸處而遊汴梁適遇鉛山張廉船先生同行過壽縣時說及見任知州蔡必昌紹興人以名進士而為陰府判官嘗言十年後湖廣四川一帶當有大刼云云越二三年蔡君署太平府事至蕪湖審案余適在蕪湖遂與晤于於湖長春園席上觀其為人和雅善談而兩眼無光若夢初醒者亦不甚怪之至嘉慶元年湖南辰州苗匪滋事擾攘年餘而四川達東教匪羣起遂至蔓延數省蹂躪七載殺人如麻果應蔡君言蓋冥中已預知之矣

染毒

同鄉有王姓者家道小康年二十餘甚老誠貌亦出衆以急於功名遂入武庠從無外好狹斜之事一日與其戚遊吳門不過在青樓一宿即染毒瘡歸而又染其妻遂大發潰濫呻唫歲餘至耳鼻皆無臭穢之氣日甚一日懨懨將死雖婢嫗皆不敢近王生遂大哭曰是吾一念之差所以害之豈忍見其死也忽自經家人驚覺妻聞之亦氣絕嗚呼嫖之為害至於此耶故後生家能於此一念中立定便無此慘毒之禍矣相傳晉阮籍兩子皆染淫毒延及一門真所謂自作孽不可綰也

以直見伐

余三四歲時舊居後門有大槐一株能結子遂出小槐二長寸許同時又有皂莢樹一亦寸許先君子養竹公愛之俱種于庭砌不三四年其高如人又移種于於東皋之上又隔三四年槐與皂莢皆長成其皂莢則為工人薙草誤傷其枝拳曲臃腫而不成材槐則清修茂直綠陰四布居然成大樹矣一夕風雨為偷兒所伐先君甚惋惜之不十年其根上各發一株偷兒又竊去蓋此槐如父子兩代俱遭無辜而皂則猶卧草中依然無恙與荊棘為伍而已以直見伐以曲得全可勝浩歎

梅

余家報春亭後有梅一株不過尋常野梅耳非有硃砂萼綠之異也有園丁携来經汁一瓶即經年之宿糞其力最肥凡接花果樹俱需用此僮僕不知遂澆於此梅之根次年發花蕊密而朵大瓣厚而香濃如是者十年後遂絶不開花因悟盛極必衰之理富貴貧賤亦如是也庚子山云樹猶如此人何以堪然吾知其數年之後必當發花其理如此今年驚蟄果大放如昔滿院皆香

見鬼

汲縣林午橋名溥乾隆庚戌進士以刑部郎出知貴州之安順府因事鐫級復起為江蘇川沙同知罷官回籍後復来吴門欲打算於同寅莫有應者遂大困高子余〻為周急之借寓余家之東鄰施氏有內室四五間偕其兩妾索居守困而已進屋之第一日忽見有好女子年二十許見林起立與之語偶回眸遂不見遍問為誰本宅近隣皆無其人未幾至蘇州吊其戚又見死者之故父向之泣並道二十年前事者久之午橋歸告余如此余深慮其白日見鬼為不祥急寄書衛輝告其子迎之歸回汲後三年而卒吾聞凡人見鬼者其神

必衰神衰則不久何能復至三年耶

西苑

西華門正對西苑門夏日荷花盛開比西湖尤盛嘉慶乙丑六月余在京師偶與西曹諸公約遊萬善殿由西苑門而入綠槐夾道紅藕如船真仙境也殿後有圓亭與諸公脱衣雜坐喫馬乳葡萄其甜如蜜而遥望金鰲玉蝀橋上車馬往来如坐趙千里仙山樓閣中看人間而馬上車中之人亦猶從人間看趙千里仙山樓閣也佛家有天堂地獄之説余謂此處即是天堂第凡人不能輕易到耳

滅口

浙江巡撫福崧以兩淮鹽政全德參劾運使柴楨撥兩淮庫墊補兩浙虧空一事遂牽連拿問並非大奸極惡何至沿途正法實和相得福賄而恐其回京說出遂下此毒手以滅其口耳未幾柴運使亦解至杭州正法二人之枉皆出自和相安得善終哉此乾隆癸丑年事

忘本

吾鄉有某孝廉者以教讀為生家奇貧不能鄉試東人贈以金是科竟中式又贈以金得赴禮部試自此留京有年遇大挑得知縣分發粵東遂大獲告病歸偶過東人家時東人產

業俱盡窮若無依狀如乞丐而孝廉若弗聞也越一二年再謁選得雲南又大獲其子亦有私蓄恐為父所覺乃換金葉子屬其妹縫小襖中著以自隨人無知者及歸家忽大病醫者云寒氣入骨無藥可治矣未幾死時孝廉年已七十既無子又無孫亦旋卒後是襖為其女所取適是年出嫁其壻亦孝廉赴京會試宣言曰今科不中式吾必捐中書帶素珠而回耳其金已取出置枕中比至京則又為其僕所盜不知所之嗚呼忌本之人一至此耶財之為累一至此耶

求籤

余生平不甚信者求籤占卜也惟于京師正陽門外之關帝廟則信之不特余信之當世士大夫亦信之以為靈驗前人小說中載之詳矣嘉慶十四年七月余以事在京其時先太安人年已九十有二甚康健雖不日即欲回南然心常思戀不置求帝君示一籤云朔風凜凜正窮冬多羡門庭喜氣濃不解其義至八月十七日到家則太安人甚喜悅知已為第二子擇十二月初十完姻是年冬冰雪嚴寒自十一月廿三四大西北風河道遂凍至十二月二十間猶未解也籤上祗示喜氣濃三字則太安人之康健可知其在十二月嚴寒時

完姻一事又可知矣異哉

禾不受傷

前余作蕞話祥異一門中有白蚻者每當秋禾成熟之時四更時忽起大霧々中宛々如白龍或一兩條此物一過轉熟爲災最爲民害後見紀相國槐西雜志言此陰霾之氣聚而如龍非真有其物也其說甚通云西北亦有之如北地産棗其氣一至則瘠僅存皮核而已山陝亦産禾稼初熟之時有黃雲纍起則以鳥鎗迎擊其氣自散或有大蝦蟆墮下皆陰霾之氣也蓋陰氣遇陽即散誠能使農人防之每當大霧初起之時使男人數十輩放鎗放爆丈或流星雪爆或火把照

燿則其氣自散而禾不受傷矣

姑惡

余南鄰馬姓有養媳為其姑所虐無日不鞭撲之至於身無完膚且不與之食媳既負痛而逃又飢而無告每在余家後門外掩泣先太安人聞而傷之與之飯如是者二年餘其媳竟虐死馬故貧難于再配鄰里聞其姑之惡亦無敢與女者後遂娶一再醮婦不意更悍於其姑每日絮聒不得休至飯時先自食不知其姑之凍與餓也其姑亦掩泣於余家後門外先太安人又憐之亦與之飯且數之曰爾前虐媳過甚所以有今日也姑默然未幾姑以鬱鬱死其後悍婦生二子先

爲長娶一媳甚作家其夫寵益堅而亦虐其姑與其祖姑之虐其媳者尤甚焉姑亦鬱鬱死不一年其媳以生產暴亡劫始盡嗚呼天道好還其信然歟記前人有妾薄命詩云姑惡姑惡姑不惡妾命薄可謂忠厚之至者矣

狐鬼

北地多狐南方多鬼〻之求為人尚易以其氣息相通也一轉輪閻便是狐之求為人甚難須要工夫深養氣定若守持不定一入邪僻則上干天律全功盡棄不但不成仙即鬼亦不可得緣其中有人獸之關相隔也何以謂之工夫成一曰修錬二曰拜月三曰採精三者俱所難譬如儒家學而知之困而知之勉强而行之者也然亦必得清修千百年始可錬形而為人亦猶人之勤學好問而得巍科碩望方能列於仕版也既能錬形成人矣又須吐納導引修德行仁者千百年久之自然圓滿始稱為狐仙亦猶人之先得科第而後能致君

澤民立德立功立言之稱爲聖稱爲賢也以此言之狐之爲人爲仙若是其難非一朝一夕之所能致也今人談及狐輒曰狐仙談及鬼輒曰鬼神亦謬矣夫神仙豈易言哉聰明正直之謂神通靈變化之謂仙今北地之狐千百爲羣靈蠢不一豈皆能通靈變化乎南方之鬼千態萬狀亦賢愚不等又豈皆能聰明正直乎然則世間之勤學好問而得巍科碩望者亦豈能致君澤民立德立功立言而遂謂之聖人賢人乎夫狐鬼一也而人亦猶是也蓋天生萬物於人最靈故禽獸冀學爲人以成其正果吾儕既得爲人豈可反學爲禽獸以墮落九泉乎

安南國貢使

安南黎阮兩姓構興事在乾隆戊申年冬十月有　旨命兩廣總督孫士毅討平之其明年七月國王阮光平遣其弟阮光顯與其所謂駙馬黎某者入貢京師路由楚豫時余客兩湖總督署中見貢使俱戴紫金冠錦袍玉帶面黑高顴聳鼻深眼從官八人皆烏紗帽雜色綾袍俱用角帶進署叅謁者僅十人見督撫亦用手版行外夷禮惟叩頭而已至壬子歲余至京寓中書舍人司馬達甫處阮光顯賀稟一扣是上阿廣庭相國者用大梅紅帖高一尺二三寸許文係駢體辭句鄙俚真行錯雜而字如錢大從來無此款式中國奏章稟帖

俱以字小爲敬，豈安南以字大爲敬耶？邊徼之人乃不知禮法如此。

外夷服色

嘉慶三年冬，余在京師，嘗于十二月廿五六日與童鄂君陳雲伯阮小雲輩詣乾清門，觀朝鮮、琉球、暹羅、回部諸貢使宛看梁元帝番客入朝圖也。朝鮮正副兩使頭戴烏紗帽，加以貂冠，著油緑紗袍，仙鶴補服，玉帶，方頭靴，尚如唐制。琉球正副使則頭戴紫綾巾，衣紅袍，金帶，皂靴。其從官俱紗帽錦袍，與朝鮮略相似。暹羅則戴鎦金冠，狀如牛角，身著織錦大花紫袍，如中國之蟒袍，腰束織就花濶帶。其頭有垂鬚，絶似

中國皂隸所用者惟回部諸王貝勒服色與中國相同亦用紅寶石頂孔雀翎有　紫禁城騎馬者其從官仍本國服色長袍尖帽與回子營諸回〻無異

妖不勝德

余西張雨帆有愛女名鳳官者年十七八將笄矣一日早起謂其母曰兒殆將死母驚問何為云今早夢有前世冤家來是一女子年可二十餘貌絕美向余泣曰汝竟投入身在此耶看其繡領間有繩必縊鬼也言未畢忽頭眩噁心兩手如冰若昏迷者舉家大駭醫禱兼至喃〻自言者五日夜始悉其前生是男身與表妹馮氏私將嫁而有娠羞憤自經者言

之鑒鑒適余家有嫗婢二人往視其病見此女閉目坐牀上惟一氣尚未絶余忽發議論曰陰陽一理此種案件依律斷之不過笞杖有功名革功名不能抵也然幽明之隔非人力之所能施遂書一紙與雨帆曰吾聞妖不勝德人定勝天今一女鬼耳豈能勝人耶凡人有冤業者惟修德行善四字足以解之宜亟亟告祝神明令是女愈後立行善事三百條尚可挽回也雨帆是夜即告祝如余言至次早女鬼忽言曰我且暫去俟半月後再來至期杳然竟漸漸向愈今出閣又五六年矣

輪回

元和蔣容谷，名昌期，爲名諸生，有聲庠序。其論輪回之說甚通，謂輪回爲必有者，佛氏之妄論也；謂輪回爲必無者，宋儒之偏見也。列子云：有死于此，安知不生于彼。又云：死之與生，一往一反。則佛氏未入中國以前，已聞輪回之說矣。蓋天地之化，往者過，來者續，來而復往，往而復來，故曰輪回也。

同榜

彭雅泉太守希鄭乾隆己酉會試舟至丹徒閘水淺阻滯見鄰舟有一人狀貌秀偉顧盼自雄疑亦應試者詢之乃錢塘庚子孝廉許元淮號桐柏也桐柏善風鑒兼工星學與彭一見即曰吾兩人當作同年又將彭八字推算曰無疑矣是科果同榜

城隍起立

蘇州徐達夫殿撰陶璋為孝廉時授徒陳永年家里中有城隍者永年邀陶璋往遊甫入廟陶璋見城隍神忽起立心訝之疑神為永年而立也至明年陶璋臚唱第一徐山民黎里

雜錄載其事

以子盜母

虞山有某甲者少無賴好博奕家事日壞聞其母有私蓄數千金欲畀其女若倚以終身焉某知之遂指揮奴僕輩以墨硃塗其面持燈直入某詭哭謂其母曰盜至矣柰何急負其母出房所蓄為之一空異哉以子盜母古今未聞

鯽魚叫

道光癸巳十二月無錫諸生有趙子美者生子俗例生子三朝齋獻監生娘娘必用鯽魚為敬遂買得一尾其重不過七八兩烹熟獻于神前忽聞是魚大叫喈喈有聲莫不驚異或

將雙箸撥開鮮血淋漓不知其故

新郎投井

吴門有娶婦行親迎禮者其女家在婁門外之唯亭俗名彞亭遂乘雙槳僕從如雲護新郎而去至薄暮回家新人之舟亦隨到門矣其時鼓樂喧闐觀者雲集正欲成禮而新郎忽不見遍格無影上下惶〻莫解其故至次日垂晚乃在自家後門外盌井中惟念新人因此在男家守貞歟抑仍回母家再字他人歟俱未詳也乾隆四十五六年事

海魚

乾隆二十一年四月崇明縣北海捕魚者網得一物其形如鼉高二尺許兩旁皆花甲紋頭上有黑肉如帽叩其背則作銅鼓聲聽人言似有知覺者或持刀視之即下淚如雨不知何物也觀者以為靈異竟釋之赴海而去

嘉慶二年六月寶山縣吴松江口時作大浪漂沒行船人以為患至七月初十忽起大風吹上大魚一尾長八九丈如黑魚而有鱗甲似即所謂鰸魚也其頭如刀斬去者自後不復作風浪矣異哉

寓言

觀奕道人每言人死後忽見故人詢其已死始知為冥府云云吾以為此皆寓言不過以此警世非真有其事也蓋鬼之與鬼猶人之與人也燈光燭影一滅便了譬如人做夢並不自知其為夢豈人之死而遂自知其為死哉余雖未死過推其理如此故知其皆寓言非真有其事也

朗城

朗城在常熟縣之唐墅西有一庵前明嚴文靖公訥讀書處聞菴內舊藏趙文敏公手書法華經墨蹟又有梁時古桂一株花時極盛余遷居虞山三十餘年終未一到訪之不知猶在否也

禦盜良法

姑妄聽之記有羣盜刼一富家白刃如雪一家數十人俱不敢號呼有竈婢年僅十五六乃密持火種燒其積薪闔家驚起隣人聞之亦来救視大衆既集群盜遂散此婢可入智囊余親串中有孀婦獨處忽見數賊持火將上樓房此婦私念當此冰雪嚴寒之夜誰肯披衣冒冷而為我家逐賊者潛起登樓大聲救火左右隣居莫不驚起接應賊衆奔逃亦此意也

年大將軍

年大將軍羹堯聲威赫奕嘗延請一西席每日供奉甚豐有

十二簋八盆四點心西席某君者係寒士每食祗動一兩色而已一日將軍偶入書房見之曰此菜必少味故不食遂將厨人殺之持其頭以獻西席大驚詫不彌月託故去嗚呼此種作為安能長保其富貴哉

病蝶詞

長洲蔣硯畲名耕堂年未弱冠以第一名遊庠性愛蝶嘗喜種花木招之使來以為樂自作病蝶詞曰腸斷三春翅粉輕苔荒徑冷若為情花前一宿真如夢不是莊生是馬卿未幾死年纔二十耳

風龍陣

道光壬辰八月初一日蘇州城内有風龍陣自西而東先吹折布政司旗杆遮至吴縣衙門申明亭忽飛上天監獄四面高墻一齊坍倒又有四人看牌屋傾俱壓死醬缸一隻連醬飛去有豆腐店養大肉猪五口俱吸上雲中數十里内不聞有墮者其餘老樹古柏連根拔起不計其數直至新學前到東城垣而止其明年癸巳江南秋禾大熟咸推有十分年歲詎於九月二十間起零雨間作霧氣迷濛陰霾四塞無三日晴至十月之廿四五日則雷電大雨傾盆自此河水汎溢徧處渟泓高田既莠而不實低田則一片汪洋俱從白水中收

穫亦霉爛不堪不可收拾米價自此騰躍至每石四五千文不等先于七八兩月大江之水暴漲自安慶以下沿江之田如當塗上元江浦儀徵瓜州丹徒等處圍田一齊俱破亦湮没無餘民皆逃亡至人相食是時余往清江俱所目覩

王文成即席詩卷

王文成公道德文章為有明第一人非空譚性命者可比其書亦清勁有法在山谷元章之間真所謂快劍長戟森相向者陽湖趙季由太守官吳興時曾以此卷贈烏程令鍾祥彭毓圃毓圃示余為刻諸石余檢陽明集中三詩俱所不載想是一時落筆未及留藁者也後題云即席陽明山人王守仁次韻書下著一小印伯安二字其詩云尋春載酒本無期乘興還嫌馬足遲古寺共憐春草没遠山偏與夕陽宜雨晴澗竹消蒼粉風暖巖花落紫蕤昏黑更須凌絶頂高懷想見少陵詩積雨山行已後期更堪多病益遲遲風塵漸覺初心負

丘壑真於野性宜綠樹陰層新作蓋紫蘭香細尚餘甃輞川圖畫能如許信是無聲亦有詩不顧尚書此日斯若為花外板輿遲繁絲急管人〻醉竹徑松堂處〻宜雙樹暗芳春寂寞五峯晴秀晚蔵甃暮鐘杳〻催歸騎惆悵烟光不盡詩

科場

順治十四年丁酉科鄉試主司與房考俱賄賂公行榜發後大半皆紈絝子弟喧傳都下御史叅奏事聞主司及分房俱棄市特　命新科舉人臨軒親試黜者數十人時常熟與試者四人錢陸燦第二名　廷覆改第一陳瑚潢三十一名　廷覆拔第二孫暘及副榜趙瑞南俱流上陽堡

康熙五十年辛卯科江南主考左必蕃趙晋以榜發多富人金陵姑蘇遂羣聚而譁有左邱明有目無珠趙子龍渾身是膽之語甚至擡藩署前之財帛司供於府學明倫堂而金陵貢院匾額改為賣完二字左必蕃自行檢舉具疏以聞監臨

葉九思先期病卒　上遣工部尚書張鵬翮及總督噶禮巡撫張伯行會審於揚州噶禮素與趙晋有首尾由是督撫成仇真情無由而得　上復命户部尚書穆和倫工部尚書張廷樞覆審蒙蔽滋甚張撫軍以此解任人心益不平十一月奉　上諭云朕素知張伯行為天下第一清官著加恩仍復任旋調倉場侍郎而以噶禮革職士民歡呼稱快次年十二月十六斬趙晋及王曰俞方名於揚州左必蕃削職吴泌程光奎等俱擬絞監候時閩闈亦以夤緣事敗主考劉儼及同考官俱立斬餘人擬絞有差

明察秋毫

康熙中內大臣明珠侍　聖祖宴梨園人演追信一齣唱曰幹功名千難萬難　聖祖曰幹功名有什麼難求了明珠便不難明珠大驚俯伏不能起者久之乾隆五十三年福貝子康安平定臺匪林爽文還　朝有海公蘭察者佐福公為偏將軍海公頗愛財所過江浙地方官微有餽送事誠有之　高宗知其事及紅旗奏捷　紫光閣賜宴演新戲有花面插科云聽得有什麼海公爺狠要兩個錢就高興起来了一跳就過了海把林爽文一個指頭拿勒来了旁一人詰之云你那裡看見花面云聽見他們回来的人這麼說

高宗大笑左右亦大笑時海公亦與宴也仰見　聖人明
察秋毫有如此者此奇麗川中丞在内務府時所親見爲余
言之

草奏十二條

嘉慶四年春　純皇帝賓天大開言路有不識姓名男子草奏十二條擬乞某官大臣奏進第一曰整飭吏治第二曰敦樸民風第三曰平准漕務第四曰清理河工第五曰減裁鹽政第六曰肅清選舉第七曰請輕關稅第八曰嚴懲吏役第九曰訓練兵防第十曰停止開捐第十一曰添行團練第十二曰令民開墾某公留中不發竟不果行此人亦奇士也

不為上

水怪

雲間沈綺雲司馬往安慶送其從兄銀槎官眷至省城在江中見一物魚身人首又有若白狗者數頭隨其後因問之舟人舟人惟搖手不敢視是日風大作眷船覆幸上下十餘人皆撈救得不死比至省城則銀槎已於五日前病死矣又吳興孫南莊往江右繫舟大觀亭守風偶登柁樓遥見江心有兩大魚各數十丈脊出水面向東而行魚既去舟師曰此白鱀也出必大風雨至晚風愈狂吹翻鄱陽湖糧船二十五號溺死一百餘人江湖異物見者不利此其驗也道光十三年九省水災沿江漁户見有無數水怪五色陸離不可名狀俱

向東遊又不知作何驗耳

小人

康熙間蘇州南濠有閩客携来兩小人男女皆長七八寸許鬚髮皓然如五六十歲人居以雕籠每日食川松米數十粒便飽渴則飲以水亦能食飯坐卧行止如常人其音啁啾不辨據客云曩在海船漂至一島見淺草中相聚以嬉者有百數得其六今僅存此矣一時閧傳来觀者日以千計

長人

嘉慶十八年柳太守邁祖知寶慶有邵陽人廖武生者身長九尺羣呼為廖長子每一餐可食一斗六升米肉十斤太守召其入署賜之食果然後往来於廣西湖南之間每至一處

人必聚觀詫為奇事道光六年四月余偶至嘉興之王店鎮看所謂關帝會者亦有一長人扎扮周將軍身長官尺八尺五寸觀者萬人其人姓謝江陰之周莊人為海船上舵工

評詩

常州史衎存嘗仿隋僧智果評書之例評　國初諸公詩云施愚山如山雪初消園梅乍吐疏花冷蕊觸袖馨香宋荔裳如豪家張宴錦幕銀尊華采奪目王西樵如溪光透徹山色清華王阮亭如上苑春花瑤臺秋月芳菲滿樹光景照人朱竹垞如河陽重鎮獵獵旌旗自令敵人望而心戰程周量如月下横簫聲多嗚咽吳漢槎如胡琴羌管獨奏邊春動人處尤在落梅一曲陳伽陵如公孫大娘舞劍氣渾脫瀏灕頓挫炫人目睛王幼華如秋江夕照雲物奇麗猻豹人如西人彈琵琶音節慷慨特多秦聲陳元孝如吳下名山峯巒苕秀少

巉巖崱屴之觀吳天章如漁人入武陵源流水桃花杳非人境梅耦長如清露晨流新桐初引彭羨門如漢宮新柳臨風綽約有三起三眠之致周櫟園如雨洗修篁娟娟可玩潘南村如蟲吟籬畔蟬響林皋音韵蕭然不耐久聽湯西崖如伶人當場儀容楚楚而哀樂不真陳子端如吳人作洛生詠時帶老婢聲宗梅岑如穠李夭桃未離凡艷宋牧仲如村醪初熟風味劣薄不能醉人嚴蓀友如雨過花枝香微色澹田綸霞如傀儡登場舉止儼然殊無生氣顧梁汾如一曲清流蘭芳堪擷李武曾如盆中綠萼風致嫣然止宜于案頭作供汪鈍翁如秋原平曠叢長蘼蕪頗有黃花點綴王孟穀如重巖

飛瀑一瀉千尺寒氣淩人不可久睞汪季甪如初地談禪名理不無入處而心地尚欠空明吳園次如弱柳迎風不堪攀折歷觀諸論自是確切不移可謂形容盡致

王阮亭先生晚年以司寇家居詩名益甚盛有門下士獻訣於先生曰從古詩人不論名家大家讀其集俱未免有俗句累句及不成句處惟先生則無之可謂前無古人後無來者矣公曰噫此正我不及古人處也斯士聞之乃爽然自失

有歙人汪某選　本朝閨秀集分閨女婦人太夫人為三等見者莫不竊笑每見選詩家有寔有可傳之作因其人現存礙于體例不入選然則刻集方畢而其人即死將不有遺珠

之歎乎此亦蹈閨女婦人之誚矣

作詩之訣用寔不如用虛用繁不如用簡用假聲調不如用真性情此晋陵湯緯堂之論也又曰學王孟不成所謂刻鵠不成尚類鶩者也學昌黎昌谷不成所謂畫虎不成反類狗者也

人有鄉黨自好之人文有鄉黨自好之文詩亦有鄉黨自好之詩〻文至此便不可救藥矣

援盜贈金

山東有李姓者兩家俱巨富其所居相距亦甚近甲日充盈乙漸中落而屋舍之壯麗仍相埒焉時有無賴少年聚夥為盜者有三十餘人聞兩家富有黨夜先入乙家適甲之僕經過知有盜警急歸家告其主主曰彼已窮無可盜也何不到我家來爾其往招之僕訝曰盜不來幸矣何反招之甲曰是非爾所知也盜之志在財如無所得不旋踵而至吾家矣與其俟彼之來不若預招之妙僕堅不肯行甲急命家人備酒食自往乙家而盜已至適遇之途因告盜曰諸豪客之來想平日偵知吾兩家有財而誤入彼家耳彼無長物而我尚有

餘顧諸豪客星夜到舍下一飯可乎羣盜初駭之終恃其人之衆而從焉盜既入門甲遂肆筵設席請醉飽而後言當是時羣盜各以器械自衛亦不懼且欲觀其所為竟坦然入座大嚼惟不敢醉耳既撤席甲乃北向拱手而言曰吾觀各位皆年富力强者世間何事不可為而乃作此勾當耶試看古今來作此勾當者無不破〻則徒流斬絞子散妻離是以人懼之而不敢為果可為而能保萬全則業此者多矣吾今以善相勸每位贈百金聊表微忱願各位從此洗心易慮或貿易或農耕俱可覓利尚不失為良民不知各位以為何如因命僕將元寶六十餘枚陳于桌上羣盜聽言方畢而見此雪

白之銀不覺五體投地不約而同各懷之稱謝出門去主人計所失不過三千餘金耳嗣後十餘年安然如故一日甲有質庫在鄰邑驅車往稽賬籍日已夕矣遂投宿忽有兩三人睨視之頃之又數人來視良久甲疑焉既而三十餘人皆至長跪于甲前甲大驚異莫知所為也乃援諸人坐而問之僉曰曾記昔年蒙公贈金之事乎吾等承惠受教各事生涯今俱成家矣飲水思源不忘寢食今者天假良緣高蹤臨蒞敢屈寬留數日因將甲行裝各持去至其家設酒殺雞作食其妻子亦咸來謝甲不能强于是各以朱提照數納還甲不受頻行時復持來長跪求納仍擲于車而去異哉人而至為盜

賊何足置論而能悔過報恩如此即君子亦當許之特是甲之設想實有出人意表者使甲當時聞乙家被盜即集家人戒備以待其来而禦之勢必兩相格鬥盜勝則席卷而去受傷必多甲勝則事聞於官非錢不辦誠不若招之来以示勸誡之意惠之財以成慷慨之名尚可冀其轉意回心保我席豐履厚也然此皆事後推原之論而甲竟於倉卒間得之其智量實加人一等矣故有守財之福者亦當有守財之智量而後可以守財

仙佛

古来言仙佛者大都寓言以詫異聞或點綴風流以作佳話未必盡是真知灼見者即有一二傳聞異詞恐是妖狐靈鬼或山魈木魅之屬至如神仙傳所載劉阮天台一事余以為神仙必無是理畢竟靈鬼妖狐所為為當時傳述耳

王孟談

常熟有王孟談者少讀書頗明理習岐黃術晚年教授晉賢涇上其時孟談父母妻子俱亡孤苦特甚一歲所得僅給衣食乃節嗇十餘年蓄銀二十兩忽買舟抵大河云故父往日曾貸其姨銀二十兩必欲還之及至姨已物故數載而姨之子亦不知其事也且家甚富竟不受相讓者久之孟談大怒曰吾聞負人財者死後當為犬馬以償若欲犬馬吾父乎擲銀於其家而歸此康熙中年事近時有人焉亦其同邑在京師考試貧窘異常是年適中進士授翰林欲向其鄉先達某挪借百金拒不見有一寒士聞而作色曰彼富翁也而吝若

是吾嘗為張羅之乃轉借其友人書帖直百餘金以濟其急後是公得京察陞侍御史出為河南觀察使有隆隆直上之勢寒士屢索之至二十五年終不得反有怨言嗚呼此二人者其相去何如也

地師

地師之說漢時已有之見于劉向七錄不始于郭璞葬經詩云山川而能語葬師食無所原在可信可不信之間獨不宜溺信之耳先高祖耕麓公墓葬于康熙初年東向其西十餘步有同里曹姓者見余家隆々日起亦造一墳則北向既而聽地師言於其東開五池脉絡相連謂之五星池以斷余家之来龍則曹氏興矣開浚之日恐余家阻撓之預集鄉愚百餘人以備鬥毆而先以一刺来拜時先君子出見其狀甚凶猛遂怡顏告之曰君家造葬開池吾豈能阻抑乎惟此池一開右脉已斷恐不利于已耳於吾家無礙也其人以為紿已

遂大開其池而去乃未三十年曹姓果絕嗣近則犂為田惟存一二塚蔵荊棘中而先高祖墓木已拱望之欝然至今無恙故凡天下事能利人即利己欲害人即害己也

地師

地師之說漢時已有之見于劉向七錄不始于郭璞葬經詩云山川而能語葬師食無所原在可信可不信之間獨不宜溺信之耳先高祖耕麓公墓葬于康熙初年東向其西十餘步有同里曹姓者見余家隆〻日起亦造一墳則北向既而聽地師言於其東開五池脉絡相連謂之五星池以斷余家之来龍則曹氏興矣開浚之日恐余家阻撓之預集鄉愚百餘人以備鬥毆而先以一刺来拜時先君子出見其狀甚凶猛遂怡顏告之曰君家造葬開池吾豈能阻抑乎惟此池一開右脉已斷恐不利于已耳於吾家無礙也其人以為紿已

遂大開其池而去乃未三十年曹姓果絶嗣近則犂爲田惟存一二塚藏荊棘中而先高祖墓木已拱望之欝然至今無恙故凡天下事能利人即利己欲害人即害己也

保障東南緜俎豆
率循忠孝鎮湖山

歲次壬戌春正
裔孫樾謹題

脩德行善

余幼時嘗聞老輩言明嘉萬間倭寇之禍流毒七省而尚有巡視重臣如朱紈周亮王忬李天寵張經胡宗憲陳瑞諸人為之經略南北保護人民諸將則俞大猷戚繼光劉顯李如松等為之披堅執銳攻破賊匪至天崇間流寇一起海內冰消瓦解而出周延儒溫體仁馬士英輩為相輔天下安得不亡哉其時官吏之貪虐盜賊之縱橫闖逆之苛暴士習之澆漓人民之詐偽婦女之奸淫下伏怨毒自上干天怒雖曰劫數亦由人事使然論者謂有明之亡不亡於天崇而實亡于嘉萬以此言之原非一朝一夕之故也或問曰設使我輩生

于是時將奈何余曰秖有修德行善避處深山隱其自然仰望太平而已

仙狐鬼怪

紀曉嵐相國博學多聞無書不覽生平著作甚多而尤以小說著名如灤陽銷夏錄如是我聞槐西雜志姑妄聽之之類吾友盛松雲員外曾一并刻之名曰閱微草堂筆記後松雲以刑部侍郎廣興事牽連落職奉　旨查封自此板片散失而閩亦有坊家翻刻者行世此種筆墨　本朝自蒲留仙聊齋志異外無有出其右者然所談者非仙即狐非狐即鬼非鬼即怪借為莊生寓言亦作灌夫罵座以此勸懲以此醒世辨析名理妙極精微引據古籍具有根柢實有功于學問文章又非蒲氏所可比倫也嗚呼天下事竟有出于仙狐鬼怪

之外者相國又豈能一一道之耶

夢中殺賊

先太安人有從妹嫁長洲俞氏其夫壻俞君余五六歲時嘗見之久而忘其名號稱之曰姨夫姨母先殁則未見也聞太安人嘗言俞姨夫素以力田起家住百家圩其地本水區四通八達故多盜賊在今鶯湖之東三里許俞少習劍術從未一試能彈琴又能詩與談古今事亦了了不似農家子也一夕就寢其時在臘月之廿四五日姨母在窓前構燈做針線俞忽躍起向牀頭拔劍開門五六重奔至倉廳上見有十餘盜明火執杖有米數百石已擊其半矣俞持劍奮力殺七人有一人僅削其頭顱一片而劍遂揷入門梃中久之始拔出

仍進房卧時已四更姨母以為異始喚醒爾何故拔劍狂奔耶俞欠伸曰吾頃在夢中殺賊殊不自知其夢與真也遂持燭呼婢僕盡起至倉廳但聞滿屋腥氣血跡淋漓尸已搶去惟頭顱一片尚在暗壁咸駭然以為異事既未大失亦不報官惟隐其言數年後始洩耳後見紀曉嵐相國槐西雜志載其在西域時有臺兵遞　廷寄如在夢中而實真也又靖海一人夢其妻為數人刼去遂追奔殺賊〻逃而細認之是近村一婦人非其妻也其事相類似梦實真以真為夢千古奇聞豈其中有鬼神驅之者耶然不可以理測也

陞官

山陰陳岸亭先生為蕪湖令最久是時安徽巡撫為朱文正公以其有才幹欲提陞和州陳不願辭去改提六安州壽州又不願辭去若將終身於蕪湖者後奉部文推陞雲南通判卒以母老告病終于蕪湖又嘉興馮栻園刺史為通州直隸州知州亦以良能稱上官欲提陞常州府馮不願辭去再提淮安或改徐州又不願辭去若將終身於通州者後以上官甄別亦去任此二君者皆聰明才智之人也不願陞官似達又似高而戀戀於本缺似愚又似雅問其所以然二君亦不自知也似此中有定數焉

臥松

余曩遊雲臺山，見三元宮西巖下有臥松一株，甚奇，爲賦詩云：巖下有古松，蟠〻甚局促。枝横一千丈，腰大三十幅。猿鶴翔其間，煙雲溺其腹。豈無凌霄志，直並參天木。何至千萬年，甘心臥空谷。此松掀髯嘯，自言已知足。人世多良材，所患常拘束。一爲匠者顧，登時有榮辱。曲以全吾身，蕭然享清福。後王仲瞿孝廉爲余作臥松圖，諸公題贈幾滿，復作一律云：蟠蟠高臥白雲隈，偃蹇榮華伍草萊。自擬龍蛇隨屈蠖，幾經霜雪未摧隤。曲全原是藏身計，直伐終爲用世才。不見秦皇封秩後，縱加侯伯亦堪哀。前人有言：寧爲直伐，毋爲曲全。此自矜風骨語。然淮陰侯韓信、誠意伯劉基輩，皆用世才，而不能保其身，是可哀也。

大木

京師廣渠門外二里許皇木廠有一株卧于地長六丈有餘圍圓四丈其高可隐一人一騎相傳明永樂初徵大木于蜀之馬湖用萬夫之力舁之出山一夕木自行於途其聲如雷巨石高卬皆為讓道直至燕都以其神也留置不用至今尚在真所謂材大難為用也

姚士麟見只編云處州雲和縣有大杉木欝然雲表百里外便可望見好事者以繩度之圍圓十九丈徑六丈餘余往年過龍游樟樹灘有大樟一株余曽抱之不過七八抱香聞數里樹下有樟樹將軍廟相傳為明太祖所封視雲和之杉渺

乎小矣

人面虵

常州王松山翁習度支之術乾隆五十一年〻纔二十餘隨其戚湯公綍堂臺灣鳳山官署適值逆匪林爽文之變知湯公已殉難急逃海邊趁一三板船出海未十里忽颶風大作遂覆舟王自知不免遂跳木桶中飄至一孤島闃其無人遥見兩女子從石洞中出甚麗皙白如玉注目良久王正欲問訊往視之則鱗甲滿身乃大虵也大駭竊自念曰今真死矣頃之虵去王在島上餓兩日夜至第三日竟有船来救之得達彼岸自後習理舊業為諸侯賓客者四十餘年兩子皆官八品今年八十餘尚康健如舊

國家出版基金項目
NATIONAL PUBLICATION FOUNDATION

國家圖書館藏未刊稿叢書·著作編

登樓雜記

（三）

（清）錢泳 著

主編 劉玉才 陳紅彦

鳳凰出版社

遊蘭亭

乾隆五十八年歲在癸丑暮春之初紹興太守李公作續蘭亭禊飲會繪圖一卷與會者二十有一人焉一人扶杖而来白鬚飄蕭老而有雄傑氣者為袁簡齋太史隨行者為太史弟子張香岩又二人遙指太史左顧者為李松巢與松巢對立手拈鬚而衰如者徐上亭又一人倚石上執杯者王燕山長松插雲下坐二人一人膝抱坐豐容廣顙為史少岡一人跂脚坐為平寛夫宮詹稍東傾身瘦骨俯而觀泉者陳斗泉流泉之左松根之下臥而引盃者何養亭又一人翠竹深處握管而沉吟者郭恕堂一人左手按地坐小童捧酒卮立於

旁為闞文山。又一人兩手自擁盤屈而坐者，丁嘯谷。又二人坐，一人立。坐而執書者，徐鐵谷。一手指書若辨難者，為朱九榆。立而俯視者，侯繼蘇。又二人對立，一人指石者為徐閬齋。一人叉手若微笑者，為姚秋槎。又二人，一人坐亭隅彈琴，為錢梅溪。一人坐而聽者，為張篆園。其端坐亭中，左顧若領琴韻者，主人李曉園。膝下圓頤廣額，眉目秀異，緋衣總角，可六七歲者，為公子善祺也。袁太史名枚，錢塘人，時年七十有七，與其徒由金陵再渡江而東，將之天台，過會稽，故與於會。餘皆太守賓客，方輯《越志》，多士雲集。作畫者即丁闞二君，斗泉為補山水云。

夢海忠介

蘇州蔣恪庭太守名希宗官刑部郎時一夕夢人持柬來曰敝上人致明蔣大老爺四維之事全仗大力恪庭視柬上書乃年家世弟海瑞頓首拜九字明日恪庭過琉璃廠得忠介瓦章長徑寸許有五字曰掌風化之官歸而藏之時諸城劉文正公無錫秦文恭公俱在刑部聞之謂恪庭曰君明敏練達即日一麾出守當如忠介之巡按南都也未幾擢河南彰德府知府涖任後有盜誣民羅秉孝為夥一案羅已擬斬太守廉得其冤雪之乃悟夢中所云四維者即羅姓也

拳勇

世之所謂拳勇者有内外家外家起于少林以搏人為主人亦得而乘之内家以静制動犯者應手即撲盖起于宋之張三峯三峯為武當丹士徽宗召之道梗不得前夜夢元帝授之拳法以单丁空手殺賊百餘其技盛傳于陝西而王宗最著名槩續文獻通考使拳之家有十一種曰趙家拳南拳北拳西家拳温家鈎掛拳孫家披掛拳張飛神拳霸王拳猴拳童子拜觀音拳隨手拳又有九派十八跌打撾拳拿又有眠張短打破法九内紅大下等破法三十六拿法三十六解法七十二跌法七十二解法

滕王

嘉慶初有窮秀才連年失館夢一人吟哦曰攀桃李兮三千里贈蘪蕪兮十二時不解其意其友蔣竹厂曰此陳其年滕王閣賦語也未幾有滕王兩姓延爲西席是知一飲一啄莫非前定

朱文公注經草藁余所見者易繫辭六十一行又顏淵問仁五頁余已載入收藏一冊內矣近日又見先進司馬牛憂曰至以友輔仁止計十四頁半後有吳匏菴唐六如兩跋是婁東陸氏所藏道光辛卯五月蔣伯生大令攜至清江獲一觀焉

乩仙詩

乩仙詩無有佳者余居釣渚時隣家有仙乩祈拜紛紛余終未嘗至也偶見有一詩云終日行吟謝朓詩環居新綠影參差階前草色森森碧墻上苔痕漸漸滋花落正當人靜後幢

開剛値燕来時東風意嬾停春剪惟有鼠姑得自如清新可
愛當是女仙詩

唐戴叔倫墓

嘉慶初年金壇縣小南門外三里許竹莊塘有許氏造別業掘出一古棺是唐詩人戴叔倫墓也邑中有戴氏者相傳即其子孫涉訟數年不決後大吏委吴溪司巡檢張四沖勘杖遂命發開移棺於顧龍山足立一碑曰詩伯夜臺四字先是發墓時得小碣有寄語吴溪張巡檢好收吾骨葬高峰之句遂如其言訟始結

宋和靖處士尹焞墓

尹和靖先生墓在會稽龍瑞宫前石帆山下樓是墓久為山人盜賣明嘉靖中為里豪所發得其志石知府洪珠訪求則

云石已毀矣至 國朝乾隆四十九年山陰李觀察浚原遊山至謝墅見碑石仍在因貽書與嵊縣令訪其遷嵊子孫於是尹瑢等聞之來拜墓下因備價向徐姓贖出凡三十餘畝修墓樹碑以復其舊五十六年余與修郡志亟載入第七十三卷陵墓一門

先忠懿王墓

先忠懿王墓在今河南府洛陽縣之北邙山宋史本傳云以端拱二年春正月有詔葬王于河南洛陽縣之賢相里陶公原乾隆中山陰施我真太守重修河南府志竟失載後縣令魏襄修洛陽縣志始載之云宋鄧王錢俶墓僅引畢氏續資治通鑑綱目及伽藍記以為證而不引五代宋史吳越備史十國春秋諸書亦陋矣按忠懿王于太平興國三年歸國後屢上表請去大元帥國王諸號而太宗不允仍封淮海國王改南陽國王又封許王進鄧王至端拱元年薨累贈秦國王即洛陽志之稱鄧王亦誤也

明太常卿黄子澄墓

蘇州府志云黄子澄墓在崑山縣馬鞍山之陽子彥脩彥輝祔棨子澄諱湜（以字行）袁州人登洪武十八年進士命伴讀東宮建文初輔政始言燕王權重必為國患宜削其制不聽後永樂果入南都既踐位將釋用之子澄不屈屢稱殿下曰臣知殿下以兵力取富貴不知殿下竟登大寶若用臣是不欲以綱常治天下矣遂遭慘戮身首異處後其子彥修收其骸瘞此子孫遂居崑山萬歷初裔孫黄熊與邑人蔣乾者爭塚地訟于縣知縣申恩科親勘不能决忽聞地中有聲如雷化為青氣從西北而去又裂出一潭露石志

乃洪熙元年侍郎劉璉筆也皆大驚申報撫臬遂有詔旨訪建文死難諸臣者因具疏奉旨表其墓乾隆五十年崑山城隍廟四宜軒有積土守廟道士將築亭其上階石甫甃雷電擊之三甃則三擊不知其故掘土見一碣乃黄子澄墓也嘉定錢溉亭進士塘詩云昔時誅戮無遺嬰今日風雷護殘骨即紀此事異哉今蘇城朱明寺東有黄子澄姚善祠已改為民居惜無人整理之者按姚善為蘇州府知府當時與子澄同為唱義者也

明王陽明先生墓

新建伯王文成墓在紹興府城南二十里花街之洪溪

蘭亭柳近文成與其父母皆葬此。國初為土人所佔侵削殆盡，康熙五十四年知府俞卿為之清理，立讞存案。乾隆十六年高宗純皇帝南巡。諭祭。賜額曰名世真才，而墓碣久無存矣。至五十二年，朱文正公珪為浙江學政，始撰一碑立石墓前，梁山舟先生書也。

明三關總制周將軍墓

明三關總制周將軍遇吉墓在山西寧武府城外半山。乾隆五十年夏，霖雨浹旬，山水暴漲，先一夕墓前忽湧一小山，高十餘丈，長三十餘丈，以遏水勢，不受衝決，儼然如舊。咸謂將軍之靈爽所致。有上其事于撫軍者，為捐三千金

重葺祠堂立碑紀異焉

南唐金娥墓

余舊居金匱西莊橋西北二里許有金娥墩者鄒氏世居相傳此墩爲南唐李煜妃金娥之墓隧道尚存土人時掘墓閒磚作磨刀之用有唐王寶印四字其爲南唐時墓無疑又聞之土人云每當風雨陰寒之夜有好女子從冢間出且泣且歌曰日侵削兮三尺土山川已改兮衆余侮云云此縣志之所未載

宋小紅墓

宋姜白石妾名小紅即白石詞所謂小紅低唱我吹簫是也其墓在今杭州寶叔塔後篁菴內友人王仲瞿寓其中偶命

園丁鋤地得一碣上刻云秦亭之西臯亭之東鳥啼花落嗚呼小紅十六字時阮雲臺先生為浙江廵撫頗訪古蹟仲瞿恐有地方官酬應之苦遂將此碣棄後園放生池中

元女史孫蕙雲冢

乾隆己卯庚辰間揚州有乩仙自稱孫蕙雲者元季人本姓王氏其父名睎字林矚松江華亭人官侍郎至正末年明師破燕京合門殉難時蕙雲僅四齡乳媪孫負之以逃寓淮安故姓孫氏居淮十餘載媪又死蕙雲隻身無依乃為黠少年掠至揚州陷身花塹而蕙雲百折不回荼毒備嘗仍完白璧悒悒以死葬揚州城外時年十七上帝以其一家忠節未列輪回將藉乩以發幽光耳并賦詩索和一時名士如崇明柏蘊高無錫朱宗洛長洲汪元亮陳基德輩俱有詩凡數十百家虞山瞿頡云仙珮誰招夜月魂臨

壇猶帶舊啼痕我来欲奠孫娘冢草緑揚州第幾村時傳爲佳話

梅花菴

梅花菴在嘉善縣城内菴中有元吴仲圭墓按仲圭名鎮工於畫自號梅花道人嘗預自題一碣曰梅花和尚之塔作八分書卒後遂葬於此元末寇亂浙中諸墓多所發掘惟此墓獨全似有先知之見云墓前東廊下本有仲圭畫竹石刻八石幅傳播藝林嘉慶十六年錢黼堂少宰樾又將仲圭草書心經屬余刻石置諸壁間少宰自有記

清故詩僧鐵舟塔銘

禪師諱可韻，自號鐵舟，俗姓徐氏，湖北江夏人。幼聰頴，能為詩歌，善鼓琴，工六法，而尤精于蘭竹。年二十餘，頗悟禪旨，遂出家，遊江東，歷黃山、白嶽、西湖、南海、天台、鴈宕之奇，又北登泰山，渡易水，上京師。所至流連，輒以書畫自給，一時公卿大夫莫不為之傾倒。晚年寄蹟吴門，求書畫者盈衆，四十餘年如一日也。以嘉慶二十年正月廿四日圓寂于金閶門外李王廟之平遠山樓，春秋六十有四。著有《南遊草》三卷。越五年，其友陳君道修為蠲資造塔，葬諸虎邱柏徑。師，余故人也，為作銘曰：

見真實相具妙明心仗一枝筆與世浮沉身既無著筆亦何有南北去来惟一樽酒雲巖崩嵂鶴澗潺湲生公已杳草緑空山

先賢祠

余自總角時即往來吳門，屈指將五十年矣。歷見人之變遷、家之興廢者不一而足，至如祠廟亦興廢無常。護龍街大關帝廟北有前明王少湖先生敬臣與陳文莊公仁錫專祠，今其地侵為民居。少湖像今在察院巷雷姓戲鹽店內，著古衣冠，白鬚飄然，塑像逾五尺許。旁有門人栗主數十，皆棄壁間，四遭以墻圍之，今近鄰亦無有知者。此三十年前顧文學公燮親見，嘗為余言。又中街衙西三茅觀巷西口有祝枝山祠，廿年前尚有老屋三間，為不肖子孫所賣，將塑像毀去，近已造為茅廁。友人陸鐵簫猶及見之。今祠既不可復，余為請之郡守申公瑶吴邑宰朱公樹基立一石碣題曰明京兆通判祝枝山先生故里十二字在巷之東口我吴先賢不祀忽諸可歎也閶醋坊橋東醬園内有吕文正蒙正祠塐像今亦在夾墻中惜郡志不載難于考證矣

前卑後倨

戰國策描寫蘇秦之妻曰以季子位高而多金自古勢利小人皆如此豈獨婦人哉道光初有某相國　予告歸田路過揚州諸商雲集有送程儀三千兩者有送四千兩者有與相國瓜葛送六千兩者為一時盛事後相國以事去職再過揚州則無一人禮之棧舟而過前卑後倨真堪嗤鄙

蔣佚園先生之達嘗語其諸子曰凡人保家讀書為要凡人讀書從師為重凡人從師尊師為先不知尊師子孫讀書必不成而家亦必不長保也余甫入塾讀書汝祖母盛太君苦志守節自奉澹泊而館餐極豐腆師所喜嗜必常進師有父母在堂時饋甘旨之奉值師考試先期致盤費曰毋使彼懸懸也且謂余曰貧士一歲館穀仰事俯育悉取給於此安得尚有餘資以為考費苐無考費必至有志不遂或親戚資助或告貸挪移一之已甚其可再乎竊思吾之望子孫欲其科苐顯揚是以從師而師之父母亦各望其子之科第顯揚必不願其子之以館師終老乃吾之

子孫科第顯揚他人之子孫以館師終老吾心安乎汝祖母之言如此余體此意行之願汝兄弟及子子孫孫敬遵此意行之即是盡孝大端至延師束脩及三節盤儀朔望潤筆外於歲除另致白金十兩在有力之家不在區區之項而貧士多此十兩所裨非淺再者師或鄉居而館吾家尚未有子者每月備舟資其歸家一次以冀有後否則吾之子孫恐其學業荒廢而他人任其斬祀存心不善莫此為甚吾承大參公門閥為貴家子繼以汝兄弟早登科第恐僕從無知倨傲不謹得罪於先生時時約束駕馭稍一不慎立即懲責即尊師之一念所推也載先生遺訓

中先生由明經授縣令改中翰贈官卿貳崇祀鄉賢後裔科甲繁衍簪纓烜赫人皆謂榮禄公尊師之報云

文王百子

世言文王百子以詩有太姒嗣徽音則百斯男一語此詩人誇美之詞也其寔並無百子據史記太姒十子周以宗強伯邑考早卒武王封兄弟之國十五人則文王不過十六七子耳惟漢書中山靖王子百二十人杜子徵子百四十人張蒼有子百人似非虛語相傳明晉藩慶成王自王妃夫人暨宮人室女所生子至百人俱長成除長子襲封外餘九十九人並封鎮國將軍每有宴會紫玉盈座至兄弟間不相識當為

古今異聞

寤生

左傳隱元年鄭莊公寤生古來解者紛紛無以為左證案崔鴻南燕錄晉咸康二年公孫夫人晝寢生慕容德左右以告慕容皝曰此兒易生似鄭莊公長必有大德遂以名德又三十國春秋前秦蒲洪父懷歸於部落小帥其妻姜氏因寤產洪驚悸而醒寤生二字始得真解

九經有刻板

五代史載後唐長興三年二月辛未初令國子監校定九經雕印賣之九經之有刻板自此始馮道與有力焉今世傳刻

板自馮道始非也

御

禮樂射御書數謂之六藝禮以節文樂以致和射以觀德書以紀事數以格天惟御之一事前人俱解爲御車之御恐未盡其義余以爲御者禦也所以禦敵可以衛身也有文事者必有武備即武藝也若作御車解則今之燕趙齊魯之間小民下賤皆能之豈遂爲一藝耶

衙門

衙門乃牙門之誤周禮謂之旌門鄭氏司常注所云巡狩兵車之會皆建太常其旂兩邊如牙狀故又曰牙旗後世因謂

營門曰牙門後漢書袁紹傳拔其牙門是也蓋武備象獸以爪牙爲衛故軍前大旗謂之牙旗又杜詩聞道君牙帳皆作牙自如淳注漢書衙縣音衙爲牙於是始有衙之音而訛牙爲衙亦始於是時按漢北海相景君碑强衙改節楊君石門頌綏億衙疆俱作衙字用不音牙也

轅門

轅門軍中所設也按張晏曰軍行以車馬陣轅相向爲門故曰轅門今之大府衙署俱列欓柵爲轅門誤矣然相沿已久

埍房

今衙署中俱有埍房以爲即案卷之房非也按許氏説文埍

徒隸所居也從土肙聲古泫切則卷房者當作埍房

寺

僧居稱寺始自漢明帝按後漢書迦葉摩騰竺法蘭以沙門服謁見館于鴻臚寺次年勅洛陽城西雍門外立白馬寺以居之蓋仍寺之名而以白馬馱經故名也後世遂仍之按寺字凡三變三代以上皆奄豎之名自秦以宦者任外廷之職而官舍通謂之寺漢以太常衛尉等官爲九寺遞降而爲浮屠之居亦云寺矣

典當

令之典當即古之質錢庫唐以前惟僧寺爲之謂之長生庫

今則富豪士大夫之家皆開質庫矣

公車

今人稱進京考試曰公車案後漢光武本紀建武七年四月舉賢良方正遺詣公車注公車門名也公車所在因以名焉

計偕

今人稱赴都曰計偕按漢書武帝徵吏民有明當世之務習先聖之述者縣次續食令與計偕注云計者上計簿使也郡國每歲遣詣京師上之偕者俱也言令所舉之人與上計者俱來也

祖道

餞客于郊外送行謂之祖道曹植詩祖道魏東門是也顔師古曰黄帝子名纍祖好遠遊而死於道故後人以爲行神凡出行者祭之朱子語録云祖道之祭作一土堆置犬羊其上祭畢而以車碾從上過象行者歷險阻之患如周禮祀軷之禮祭畢則以胙肉享客即謂之餞也

居間

今人買賣房産其中作介紹者謂之居間史記郭解傳洛陽人有相讐者邑中賢豪居間者以十數注云居中以他道和輯之也

中堂

令人稱宰相曰中堂考古無此名色也按池北偶譚明内閣大學士皆於翰林院上任故院中設閣老公座於上而掌院反居其旁故稱閣老曰中堂以此相沿至今不改大學士之官見舊唐書李通傳中宗景龍二年修文館置大學士四員以李嶠宗楚客趙彦昭韋嗣立為之此大學士之始

和尚

和尚梵本正名鄔波遮迦傳至於闐國翻譯為和尚二字見翻譯名義又魏書釋老志云天竺沙門佛圖澄至襄國劉石勒宗信之號為大和尚又要覽云瓶沙王呼佛弟子為上人内有德智外有勝行在人之上故名上人今則遍天下皆上

人矣

道士

大霄琅書經云人行大道故曰道士又云身心順理惟道是從從道為事故稱道士又樓觀本記云周穆王好神仙因尹真人軌草制樓觀遂召幽逸之人置為道士至平王東遷洛陽又置道士七人漢明帝永平五年置三十七人晉惠帝度四十九人後魏武帝度三十九人文帝幸雍謁陳熾法師置道士五十人今則遍天下皆道士矣

秀才

秀才之名昉於漢增廣生始於唐歲貢之名始見於漢書董

仲舒傳舉人貢士始見於後漢書章帝紀進士始見於王制進士科始於隋大業元年殿試始於唐武后天授元年州縣分吏户禮兵刑工六書始於宋徽宗

尊公

今人面稱友人之父曰尊公見晉書郄超傳簡文帝謂郄超曰致意尊公謂其父愔也

城隍

城隍二字見易經其神之有祀者則見於北齊書慕容儼鎮郢城〻中先有神祠俗號城隍神又隋書五行志梁武陵王紀祭城隍神南雍州記云南陽城内有蕭相國廟相傳為城

隍神唐李陽氷縉雲縣城隍廟記云城隍神祀典無之大約總起於晉宋齊隋之間至宋以後則城隍之祀遍天下矣其每年之清明七月望日十月朔日三次有城隍會者則始於明太祖小知錄云洪武二年上在朝陽殿夢城隍及土地云歲中致祭無祀者一祭不敷乞陛下勑有司遞年祭三次庶幽魂得以均沾上覺而異之名禮部議詔天下無祀者每歲致祭三次著爲令至今仍之

五路財神

今世沿門比戶俱祀五路財神言錢財必由東西南北中五路而來故曰五路並非有其神也按武陵小史載陳顧野王

生五子長盛南次鴻南周南夏南允南皆封侯宋建炎初建祠翠微山之陽明初號五顯靈順廟然未聞其掌財也惟江蘇財帛司姓任名環山陰人明季曾為右藩司庫官後職任防海倭寇犯吳淞江死之至　本朝康熙間請封路國侯即蘇州之財神也

觀世音

小知錄云佛經言觀世音於阿彌陀佛滅後成正等覺號普光功德山王如來又佛書秦譯維摩詰所説經不二法門品有不眴菩薩即觀世音也又梁曇無懺譯悲華經云有轉輪王名無量淨第一太子曰不眴發菩提心故令字汝為觀世

音又法苑珠林云宣驗冥祥寺記觀世音顯蹟六朝至衆其相或沙門或菩薩或道流無作婦人者近世所傳魚籃其變相也大約唐宋以来皆為女像矣又附會為妙莊王女其説蓋本之元趙松雪夫人管氏所撰觀音大士傳中語案隋書及北史王劭傳並云隋文皇獨孤皇后秘記言是妙善菩薩即妙莊王第三女故秘記以之比皇后是隋時已有是説

一雞二犬

今吴中風俗正月一日為雞生日二曰犬三曰羊四曰豬五曰牛六曰馬七曰人八曰穀九曰天十曰地所謂九天十地者誤也當作九粟十麥見道書其一雞二犬至七人見崔豹

古今注及董勛問禮俗而魏書自序傳亦引之可見晉唐時已然高適寄杜少陵人日題詩韓昌黎人日登高皆是也又荆楚歲時記云一日不殺雞二日不殺狗三日不殺豬四日不殺羊五日不殺牛六日不殺馬七日不殺人此語尚有理事物紀原謂東方朔始置人日未見所出

爆竹

古曰爆竹今曰爆仗元魏時已有之事物紀原云魏馬鈞製爆仗隋煬帝益以火藥雜戲即今之煙火也范石湖邨田樂府云截筒五尺煨以薪當階擊地雷霆吼則是宋時猶用竹不以紙也近時獨有洋爆仗不用火藥擲地即響不知其理

高蹻

今蘇杭間有高蹻之戲以兩足扎兩木而行步履如飛其人長丈餘高出屋簷之上按列子宋有蘭子者以技干宋元君以雙枝長倍其身屬其脛並趨並馳即今之高蹻也

積錢瓶

今小兒所用之積錢瓶古曰撲滿見西京雜記鄒長倩遺公孫宏書曰撲滿者以土為器以蓄錢具有入竅而無出竅滿則撲之言聚斂而不能散者將有撲滿之敗又曰缿趙廣漢傳缿筩注云若今盛藏瓶為小孔可入而不可出說文缶部有缿字注云受錢器也古以瓦今以竹大口切讀如苟然則

令之市肆用竹筩受錢由来久矣

陞官圖

陞官圖始於唐李郃方千里有骰子選格序云開成三年春余自海上南行次洞庭之陽遇二三子號進士者以穴骼雙雙為戲更投局上以數多少為進身職官之差數豐貴而約賤卒局有為尉掾而止者有貴為將相者有連得美名而後不振者宋尹師魯踵而行之以元豐官制行宋保國又更定之至劉貢父則取西漢官秩陞黜次第為之又取本傳中語所以陞黜之故注其下其兄原父見之喜因序之而以為已作明倪文正公鴻寶亦以明官制為圖王阮亭尚書少時偶

卧病旬日無所用心戲作三國志圖以季漢為主而魏吴分兩路遞遷中頗參用陳壽書頗為雅馴有義例也載香祖筆記

轎

史記夏本紀陸行乘車水行乘船泥行乘橇山行乘檋河渠書作山行乘橋不聞有轎也漢書溝洫志山行乘梮說文剌以行泥欙以行山韋昭云梮者木器如今轝床人轝以行應劭云梮或作欙為人所牽引也徐廣云檋者直轅車桊諸說則梮欙者即今山轎之類也漢書嚴助傳輿轎而隃嶺此轎字初見臣瓚注云今竹輿車也唐高承事物紀原云轎為秦

始皇作不知出於何書南史桂陽王休範反乘肩輿至壘南梁天監中益州民焦僧護作亂蕭淵藻年未弱冠自乘肩輿巡行賊壘觀此則肩輿者即轎也宋高宗南渡後不論仕庶皆用轎矣演繁露云百官得于寓京乘轎自揚州始令京師惟二品以上坐轎餘皆用車俗呼為轎車然　國初亦有轎平民亦得而坐之

或問八座始於何時見南史始興王憺傳乘八掆輿乃八座之始又江夏王寶元反乘八掆輿唐制六尚書與左右僕射為八座非八掆輿為人坐也

頂馬喝道

貴官出行必有騎馬前導者謂之頂馬國語越王勾踐親為吳王前馬即今之頂馬也貴官輿前必有呵殿聲謂之喝道梁書令僕中丞引喤至街即今之喝道也

參官

古人參効一官必相參謀而後効之故曰參効按玉篇參相謁也國策曰臣之義不參拜是也又韻會云三相參為參伍相伍為伍故左傳自參以上周禮設其參皆謂三相參也今官名參軍參謀參知政事皆此義也今人去効字而曰參官誤矣又以專効為特參則益誤矣

草職留任

晋書王舒傳蘇峻作逆舒行揚州刺史事時吴國内史庾冰義興太守顧颺等皆起義軍以應冰颺等遣前鋒進據無錫遇賊将張健數千人交戰大敗舒以輕進奔敗斬二軍主者免冰颺督護以白衣行事當爲革職留任之始

缺襟袍

今人有遠行者著缺襟袍馬褂予謂之行裝此有本也按新唐書高祖武德九年詔諸衛将軍皆於十月一日服缺胯襖子蓋從軍之服也

公館

今當道官員所居之處曰公館見禮記曾子問公館復私館

不復自卿大夫之家曰私館公館與公所曰公館每見搢紳
先生旅寓統云公館誤矣

一百零八

今朝珠念佛珠及僧寺之撞鐘俱用一百零八數其義不可
解或曰此一歲之義也每年有十二月二十四氣七十二候
適符其數此說似有理

一千

每錢一千古時皆曰一貫至吴越錢文穆王時浙人始以一
貫爲一千見猗覺寮雜記

元寶

令天下各州縣解部正庫銀每錠重五十兩名曰元寶按元至元十三年元帥平宋至揚州伯顔令捜撿將士所得撒花銀消鑄成錠每錠重五十兩是爲元寶之始

排行

兄弟名字或上或下同一字者謂之排行大約起於晉宋之間如德宗德文義符義真之類單名以偏旁爲排行者始見於劉琦劉琮此後則應璩應瑒衛瓘衛玠之類自此接踵而出矣見顧亭林日知録

克什

滿洲語以恩澤自上施者謂之克什凡頒賜之物衣服果品

皆云克什令專以肴饌食物為克什誤也

點心

點心二字始於六朝見輟耕録今之糕團相傳為公劉作見太平廣記團子又名寒具晉桓元好蓄法書名畫嘗與客觀之客食寒具見雞跖録粽子即角黍也相傳為祭屈原而作見續齋諧記饅頭本名蠻頭諸葛武侯平蠻回至瀘水風浪横起兵不得渡乃命行厨宰牛馬和麵為劑塑成假人頭以祭水神軍獲渡焉見蜀志包子即饅頭也宋仁宗誕日賜羣臣包子見燕翼詒謀録餛飩宋程大昌云出于混氏屯氏見淵鑑類函他如謝諷食譜之巨勝奴貴妃紅玉露團金漿餅

鳳皇胎紫龍糕君子飣天孫膾之類不過美其名而已無有一定也

款識

今鐘鼎上有字者謂之款識按漢書郊祀志文鏤無款識注云款刻也識記也遊宦紀聞云款識分二義款為陰文是凹入者識謂陽文是疊起者

東西

今人稱赴市中買物曰買東西明思陵嘗以問周延儒對曰南方火北方水昏暮叩人之門戶求水火無弗與者故不言南北而曰東西褚石農堅瓠集則曰東主生發西主收斂取

東作西成之義故曰東西

盩厔

漢書地理志右扶風有盩厔縣即今陝西之盩厔也屬西安府椄褱字記山曲曰盩水曲曰厔二字音舟質令人以事費曲折者曰盩厔即此字也或又言周折或言周章皆非本意

虎面子

今小兒戲耍之虎面子又名面具亦曰鬼臉樂府雜錄鼓架部有代面戲言始自北齊神武弟有膽勇善戰以其顏貌無威每入陣即著面具乃百戰百勝

官斛

令官斛規制始於宋相賈似道元至正間中丞崔彧上言其式口狹底廣出入之間盈虧不甚相遠遂行於時至今不改

火炕

北方寒冷多用火炕書多不載按舊唐書高麗傳冬月皆作長坑下燃温火以取煖此即火炕之始也

倒楣

今吴人方言每以作事不成者則譏笑之曰倒楣殊不可解考明季諸生鄉試者科舉甚難百不得一一有科舉便親友盈門喧然稱賀門首豎棋杆一根以為榮如不中式則將棋杆撤去謂之倒楣蓋本此

有門檻

明神廟時邊餉屢增凡民家有大廳者即加門檻稅今吳中方言尚稱大户爲有門檻人家本此

年糕

蘇郡人居稠密康熙雍正間每年新正家家闔門無日中爲市者過元宵始陸續開張竟有遲至二月初中者故歲暮蒸糕以備一二十日之點心今則元旦亦開市安用蒸糕爲耶然已成風俗矣

脂粉

今婦女所用之脂粉商周時已有之相傳紂作燕脂以燕國

可生故曰燕脂秦穆公女弄玉有容德感仙人蕭史爲燒水銀作粉與塗亦名飛雲丹女人之施脂粉蓋自古而然焉

穿耳

女子穿耳由来已久按莊子天子之侍御不爪揃不穿耳劉熙釋名穿耳施珠曰璫古詩耳珠明月璫是也三國志諸葛恪云母之於女天性之愛穿耳貫珠何傷于仁是此風上古已然矣

婢

令人稱婢曰鵶鬟本王炎詩捧腮却立鵶鬟奴是也又曰鵶頭本白居易詩繡面誰家婢鵶頭幾歲奴是也又劉賓客詩

花面丫頭十二三皆言婢女頭髮如烏鴉也

課馬

孔平仲雜記俗呼牝馬曰課馬出唐六典凡牝馬四遊而課謂四年課一駒也

鮝魚

唐陸廣微吳地記云闔閭入海會風浪糧絕不得渡王拜禱見金色魚逼而來吳軍取食及歸會羣臣思海中所食魚所司曰曝乾矣索食之甚美則鮝者猶言美魚也魚之乾者統謂之鮝即今之台鮝是也

茶

古無茶字冬日則飲湯夏日則飲水而矣說文新附字茶苦茶也從艸余聲同都切臣鉉等曰此即今之茶字也詩誰謂茶苦其甘如薺即茶之義也爾雅檟苦茶注云早採為茶晚採為茗三國吳志韋曜傳孫皓時飲酒以七升為率或賜茶荈以當酒博物志云飲真茶令人少眠睡則茶者漢魏時已有之自唐盧陸有茶經而名始著也

題目

賦詩作文俱有題目古無此語惟北史念賢傳魏孝武帝作行殿初成未有題目詔侍臣各名之念賢擬以圓極帝曰正與朕意合題目二字始見于此

破題

今世尚八股起二句曰破題按李肇國史補李程試日五色賦既出闈楊於陵見其破題云德動天鑒祥開日華許以必擢狀元是唐人作賦已有破題又如謝莊雪賦之歲將莫四句阿房宮賦之六王畢四句皆破題也

書重字作兩點

今人每書重字作兩點或二小畫者考商周已如此如鐘鼎款識之子〻孫〻石鼓文之員〻速〻秦刻石之夫〻漢石門頌之明〻蕩〻皆是也今有只作一點者又宋元人寫錯一字其旁必加一非字後人簡非為卜又簡為三既而又簡

爲二爲一皆從簡易然其義晦矣

五更

五更之説起於漢魏謂甲夜乙夜丙夜丁夜戊夜也謂之五夜又謂之五更以五爲節見顔氏家訓每更有五點五更三點則見於杜少陵詩五更三點入鵷行是也

猾吏

吏之貪狡者曰猾吏按字書猾者小獸也無骨虎吞之而不能死入虎腹食其臟腑虎死而出小而害大故曰猾

官吏用刑罰

笞臀始于漢文帝蓋以笞代劓刖也至景帝用竹版見刑法

志夾棍始于宋理宗桚子見於莊子

仰

令上官有文書下所屬曰仰見北齊書孝昭紀詔定三恪禮儀體式亦仰議之又皇道元年詔外州大縣亦仰典司勤加督課絲蠶傳云仰覔好替還我仰者仰仗之義也

准

准本作準說文云水準也北方之行象又曰平也令人以準為准者避宋順皇帝諱也雖莊子有平中准之文恐亦板本傳寫之誤

傈子

北人稱豪俠之淩轢人者謂之僄子言其多妄費僄悍於人而莫之止也案字書僄亦作彪南史臧厥傳百姓謂之臧彪顏延之傳云性既褊急兼有酒過肆意直言曾無迴隱論者多不與之謂之顏彪杜嶷傳云嶷父懷琰敵人憚之謂之杜彪蓋古人已有此稱嘉慶十四年五月御史花杰參劾四品卿銜刑部郎中查有圻謂之查三僄子是也

熏人

史記酷吏傳云舞文巧詆下戶之猾以焄大豪索隱注云言熏逐大豪也漢書作以動大豪者誤也杜周傳云欲以熏轑天下轑恐作燎令人又謂之嚇詩桑柔云反予來嚇毛傳云

炙也王肅申毛義云炙即史記言炰漢書言熏燎荀子富國篇云聲名足以暴炙之亦毛義也

春聯

今世所行之新年門對或稱春聯或稱楹帖即唐宋時春帖子之遺意也華亭客話云孟蜀太子善書札自題策勳府桃符曰天垂餘慶地接長春蜀檮杌云昶令學士題桃符板以其辭未工命筆自題曰新年納餘慶嘉節賀長春追後蜀納土帝命呂餘慶來知成都而長春則宋太祖誕聖節也此新年門對之始也簪雲樓雜說又云門對始於洪武初年除夕傳旨公卿士庶家門上悉加春聯一對帝微行出觀以為笑

樂袁中郎集有騎馬看年對之句大約此風起於明之季年余見文衡山唐六如輩俱有楹帖然甚少至董思翁則漸漸多矣

看新娘娘

看新婦之俗由來久矣按世說云王右軍往謝家看新婦南史齊河東王傳云武帝為納柳世隆女帝與羣臣看新婦又徐摛傳晉宋以來初婚三日婦見舅姑衆賓皆列觀近徽揚風俗非親非故皆列坐而看新娘娘豈其宜哉

鬧新房

鬧新房古亦有之漢書地理志云燕俗嫁娶之夕男女無別

反以為榮後頗稍改然尚未止抱朴子疾謬云俗有戲婦之法於稠衆之中親屬之前諠以醜言責其慢對其為鄙黷不可忍論酉陽雜俎亦載有弄新婦之言然此皆惡俗極無理不可以為訓也

酒令

昔人為酒令之始見於後漢書賈逵傳逵作酒令學者宗之按荀悅漢紀云朱虛侯章侍宴高后令章為酒令章自請曰臣將種也請以軍法行酒令然則酒令不始于後漢矣梁書王規傳云湘東王屬規為酒令規從容對曰自江左以來未有茲舉蓋不肯為也又史記滑稽列傳淳于髡曰御史在前

執法在後又毛詩不醉不減不醉反耻箋云立之監使視之且助以史使督酒欲令皆醉取未醉者耻罰之衛武公刺時人如此又魏文侯飲酒使公乘不仁爲觴政此皆酒令之典也

借票

周禮質人大市以質小市以劑鄭注云質劑所以結信而止訟即今之票據也宋蘇軾上神宗皇帝書云商賈之事曲折難行其買也先期而予錢其賣也後期而取直多方相濟有無相通此即質劑之法不立票據不能辦也

賬簿

賬字古人皆作帳始見於北史孝莊帝語後周蘇綽始制計帳户籍之法隋書開皇十年詔凡流寓之人悉屬州縣墾田籍帳皆與民同此帳簿之始也

契券

戰國策馮煖為孟嘗君之薛收責名諸民當償者悉來合券注云凡券取者與者各收一責合驗之又韓策秦操右契而為公責注云左契待合而右契可以責取此契券之始也

稅契

稅契始於東晉凡貨賣有文券者率錢一萬輸作四百入官賣者三百買者一百百分收四名曰散估歷代因之然賣者

出錢多買者出錢少殊非平允其後定制但令買者出錢則不知始於何時也今人每得産業其中金有出二進三之説言得主出三分棄主出二分也亦庽有理至於稅契本省布政司定例每銀一兩則稅費三分不爲苛刻而州縣官吏每兩要索七八九分或竟至有一錢幾分者自此人民皆漏稅不納訟獄多端矣

紙馬

今民間齋醮敬神皆有紙馬印神像於紙上塗以五色拜祭既畢則焚化之見天香樓偶筆又蚓菴瑣語云世俗祭賽必用紙錢甲馬以爲鬼神騎用故曰紙馬

潤筆

潤筆二字見隋書鄭譯傳野客叢書謂漢陳皇后失寵於武帝以黄金百斤奉司馬相如作長門賦以悟主當為潤筆之始新唐書李邕傳邕長于碑頌中朝衣冠及天下寺觀多齎持金帛往求其文前後所受餽遺至于巨萬杜少陵詩云故人南郡去〻索作碑錢本賣文為活翻令室倒懸即謂此李華不甚著書惟應人墓志傳記及州縣碑頌時獲金帛他如韓愈皇甫湜杜牧白居易元稹以及李翰蔡襄歐陽修蘇軾輩為文必索潤筆此皆賣文錢也至求書而送潤筆者則柳公權為始柳善書公卿貺遺鉅萬張孝祥書多景樓扁公庫

送銀三百星孝祥却之但索紅羅百匹此求書之潤筆也大凡以詩文書畫而得人潤筆者較公卿大夫長隨吏役所取之錢為優無害于心術也唐伯虎有詩云閒来寫幅丹青賣不使人間造孽錢即是此意

水平

今造屋者運土平基工匠必用水平以定柱礎此古法也周官考工記匠人建國水地以縣鄭司農注云於四角立植而縣以水望其高下高下既定乃為位而平地也莊子云水靜則平中準大匠取法焉管子云夫準壞險以為平尚書大傳云非水無以準萬里之平劉熙釋名云水準也平準物也何晏景福殿賦云唯工匠之多端固萬變之不窮讐天地以開基並列宿而作制制無細而不協於規景作無微而不違於水臬五臣注云水臬水平也

述祖德堂

義塚

義塚一名漏澤園。即禮記月令掩骼埋胔之義也。後漢書桓帝紀。詔京師死者相枕。席若無親屬者。可於官壖地葬之。表識姓名。為設祠祭。當為義塚之始也。如今之養濟院育嬰堂。則見于管子入國篇。是恤孤養疾。本古制也。如南齊書文惠太子與竟陵王良俱好釋氏。立六疾館。以養窮人。梁書普通二年。詔置孤獨園。以恤老幼。即養濟育嬰之始也。

壽考

康熙四十四年　聖祖南巡至杭州有山陰縣民王錫元錫魁錫爵錫驥錫則同胞兄弟五人龐眉皓首跪伏道旁恭迎　聖駕　上問云汝等年幾何矣錫元等對云老民與錫魁孿生俱年八十歲錫爵等三人各年七十餘歲又錫元兄弟之妻皆結髮齊眉又有女弟二人亦年近八十與其夫偕老合夫婦十四人壽盈一千十有餘歲　上為之賚顏　御書一門人瑞四字額以旌其閭

康熙戊戌殿試常熟汪宮贊應銓卷在進呈十卷內　聖祖覽之見是常熟人因顧蔣文肅廷錫曰是何等人家對曰

積善人家他祖母今年一百歲了　聖祖微笑定為第一
甲第一名其祖母旋奉　旨旌表建百歲坊云
京師前門外虎坊橋五道廟中有矮道人者涿州人自言生
於明成化初年鶴髮童顏僅存皮骨而行走如飛飲食起居
與常人無異以相人術出入公卿間聞至今尚存
乾隆廿三四年間有湖北漢陽人湯雲山者年一百四十餘
歲自言曾與寧武關總兵周將軍遇吉同學為總角交所言
國初諸公尚見其嬰兒時也惟子孫皆已物故僅存五世
孫一人同至江南自十六年南巡接　駕後遂往来於江浙
之間捴未一歸故里數年後亦死不知所之太倉王翁謂余

言猶親見其人也

乾隆五十年蘇城蔣太守曾炘家有一老僕偶往洞庭山薄暮迷路遇一老人能呼其名曰汝猶在蔣家耶僕異之問其年紀老人曰我家向住神仙廟前與蔣府隣居我記得二十歲時蔣老太太建節孝坊撫院慕大人来道喜儀從簡便不過一轎兩馬近年官長日事奢華不知將来作何排場也遂别去及老僕歸以告太守屈指計之建坊之年為康熙十八年至乾隆五十年計一百又六年此老人者已一百二十六歲矣

高宗純皇帝七旬萬壽五代同堂實千古以来所未有有吉

凡各省人民有五代同堂者俱准該督撫報明入　奏十八省中共有一百九十二家內郭有英張羽劉湘鍾君寵四人皆壽逾百歲曾元繞膝又張子翼古朝爵顧均玉顧武芳林均治許王臣六人俱七世同居亦是　熙朝盛事

陸燦字星三長洲人工畫尤長于寫真乾隆庚子歲　奉
旨召寫　御容　上問陸燦汝看我多少年紀燦跪對曰臣看　御顏精采豐厚約來五十許　上大喜笑曰我今年七十歲了左右亦笑

阿文成公與嵇文恭公相業巍巍俱年過八十古來稀有高
宗純皇帝賜文成公八十壽詩云耳重同明政何碍前功後

業福猶申　賜文恭公八十壽詩云慶壽宜當六月初今避
十月是謙虛蓋文恭與　高宗同庚　高宗以八月十
三日為　萬壽誕辰文恭以六月初六日誕辰故避至十月
始稱觴也兩公榮遇如此士民至今傳之
嘉慶四年吳江縣知縣唐仲冕為百歲翁錢悅文建昇平人
瑞坊翁有二子長八十一次七十七女一人八十二孫八人
其最長者六十曾孫十二人元孫三人建坊日唐公親詣錢
賀喜問翁頤養有術否翁對曰小人不識一字何能知養生
術耶後唐公調任吳縣偶宴客為述其事座中有襄陽府同
知蔣立崖業晉笑曰不識一字四言此真長生訣也其言蓋

有所感云

嘉慶己卯三月初七日潘榕皐先生八十壽辰越三日先生演戲宴客是日同席者七人先生陪坐余秋室學士年八十二秦小峴侍郎年七十八潘雲浦封翁年七十五胡黄海外翰年七十嚴少峰太守年五十九余年六十一共計五百餘歲亦一時佳話也

道光二年通州鄉民李惟德年逾百歲人無知者以族中訟事年久不結惟德為族長調和題息始入城時刺史為嘉興馮椒園詢其年已一百有四歲曰何不請　旌惟德慨然曰鄉愚無知豈敢邀　恩于　皇上且一經胥吏非錢不行

老民窮不能也刺史優禮之賜以食為之詳報

吴中士大夫自　國朝以来總無百齡者國子監助教蔣文源戸部郎中蔣文涵兄弟俱年開九十沈歸愚宗伯年九十七陶夔典周慕韓兩公亦九十七惟蔣公幹九十八耳

吴門范芝巖編修家有洽園嘗集九耆齡會如倉散菴（聖脉）汪杞園（美基）郭匏雅（毓圻）韓旭亭（是升）潘榕臯（奕雋）潘雲浦（奕正）吴松坪（紹煜）宋雙松（鑑）陳雲濤（希哲）輩合計一千二百六十三歲可謂一時之盛

蘇州閶門外有李姓者開罝器店殁年九十九其鄰居有賣柴者素不識字賦輓詩云百年一瞬還留缺誰識此人是壽

翁坊表未能光里巷可憐短命比兒童可知有壽者必得有
福若無福安用其有壽耶

國初歙人有鄭氏者家甚富其人年已百歲僅有一子年亦七十餘而無孫族人覬其產咸来議嗣久之不決老翁大憤遂自買二妾族人洶之遂令三寡婦宿其家日監察之其明年果生一子與其父狀貌無異再明年次妾又生一子亦如其兄族人始釋然而有三寡婦為之證竟不能奪其產矣聞其子孫至今猶盛有百一公百二公兩房之稱此事與山西亢百二相類

王瑞亭丹徒人年八十尚無子族中亦無可承嗣者忽思娶妾越二年始生一子其明年又生第二子八十六八十七兩年中連舉第三第四子俱頭角嶄然長成婚配可謂奇聞後

瑞亭至百歲而歿此其同鄉支篘蓀刑部親向余言者也

物類相感

物類相感令人不可思議宋初僧贊寧嘗採經籍傳記有物類相感者輒志之分天地人物四門贊寧以博物稱于世一時士大夫如柳如京徐鼎臣楊文公錢就之輩俱知其名柳開贈以詩有空門今日見張華之句近見坊間抄本為東坡者悞也所謂相感者如雲從龍風從虎腐草為治金以鹽攻玉以石螢芸草辟蠹龍性畏鐵蠏能解漆萱草忘憂紫薇怕癢葶藶制銅醋制象牙之類不可枚舉今略記一二以資譚助云

凡婦人妊欲生男則將快斧潛安床下鋒刃向下必生

男又博物志謂婦人姙未滿三月者其夫衣冠于平旦左繞井三匝映井中水詳視已形而去勿反顧勿令人知必生男

酒與東風同氣酒味從酸東方木味酸故東風起則酒湛然而清矣

東行馬蹄土以三家井水沃合土和之著卧人臍上則卧不知起

朝廷之上人多立立則傷骨食榆則多睡睡多則骨穩

眼跳則風起或吉凶不常若他人思己則眼動或被人呪咀則耳熱

詩云願言則嚏願言思我也思念我則嚏也今人忽然打嚏則曰有人說我是也

今人有兩耳忽然而鳴似擊銅鉦之聲者則同歲（庚同月同日同時）人死

膽主勇氣主力成人之歲膽與肝旺血與氣全膽勇則不顧危亡氣勇則力能扛鼎故三國姜維膽若斗大嘉慶初年妖人陳德既凌遲死刑者取其膽觀之如鵞卵大亦其証也

生人髮結掛果樹上鳥雀不敢食其實若取髮結縛車上則絲亂難理

凡人有瘤病或無端作痛腹中必有肉鼈以馬溺飲之

即愈

鑄鐵不消以羊頭骨灰致之乃銷融

凡鼠得新亡人目睛食之則為鼠王

犬死取葵根塞其鼻則活

人多遺忘取鼈爪著衣帶中則能記憶

人經蝎螫取蝸牛涎塗之痛立止

蠏殼以黑犬血浸三日燒之羣鼠皆盡出

金置水銀中則化如泥水銀敷黃金上則化為白

爪著麝即死茗花取以染鬚即黑

樹生刺毛蟲冬月取甘草寸許開土見樹根將根上去

上生刺毛蟲
鹽水澆其根

皮亦寸許以甘草貼合仍以土埋之其蟲即絶小樹有蟲則將甘草水洒之

梘樹生蟲擩鼓于樹下則盡落銀杏果熟時將竹劈開爲篾作一箍箍本身上則果自落或取鹽少許鑿開樹皮寸許塞鹽于孔内果亦落不煩敲打也

用臘月雪水將燈草浸過晒乾夏月點燈飛蛾蟲蟲皆遠避

醉蟹用皂角刺一二寸許置壜中則不起沙

偶中毛竹刺入手足不能出用生栗子肉嚼爛塗之刺即自出

鮮芡實煮熟用防風水浸之經月不壞生者一斗用防
風四兩置水中浸之日〻換水可以度年
皂角置鹽中則鹽不出滷鮮猪肉用稻草灰拌藏可經
月不壞以染坊淋過灰晒乾埋藏黄瓜茄子可以至冬
橙橘與緑豆同藏不壞不爛
酒味變酸每一壜用鉛一二斤燒極熱投酒中酸氣即
除或以赤小豆炒焦用絹包入壜中亦除酸
衣受霉蒸鳥花成班用老梅葉同擦洗便落凡紬綾汚
墨以白蔔擦之即脱又唐僧洗衣十方云嚼棗洗墨汚
栗子洗帽油汚滚湯洗蚕汚米汁洗烟油汚杏仁洗龍

肚用麪洗豬
砂糖則皆善
煮河魨魚用
根則無毒煮
櫻桃葉數片
爛

青污蜜洗油污石灰洗羊脂污小便洗濃血污酒糟洗
膏藥污或竈心熱灰洗亦妙如桐油污衣寫沸煎清淨
四字在水中三遍口内念亦三遍洗之自去大約葷油
用蛤粉或熟石膏末糁之即去或用蘿蔔擦之亦去油
元色衣服用梔子濃煎水洗之如新
以甘蔗與花生肉同嚼則查滓盡化以無花果葉擦刀
則切冰如腐
靈璧石用不出氣酒脚煮熱塗之其黑如漆洗之不去
牛骨置池中水不涸牛糞填築池底水不漏池水渾投
田螺于水中則清池魚泛以芭蕉榦挫投池中則解井

泉陂塘内多虫蛭為害投馬骨則絶

蜀葵花梗夾竹晒乾作火把風雨中不滅

有赤樹者結白子服之身化為玉有絳樹者結青實服之身化為金昔聞有人宿山店買果物食之洗浴不起皮骨皆成黄金豈即絳樹之實耶

酉陽雜俎載蜀將黄直能别音律臨池彈琴有物從水中躍出扣之乃蕤賓鐵也余嘗以兩琴和弦如一音彈此絃則彼絃亦動非同音者則不動也易曰同聲相應信然

尸子云玉在山而木潤又曰玉韞石而山輝凡人以玉爲殉葬則其屍不壞故古來有發瘞冢而尸如生者其殉葬必多金玉

銅有牝牡凡鍊銅時以童男女各一俱以水灌銅銅當自為兩段中有凸起者為牡銅凹者為牝銅

異苑云蜀郡臨邛有火井深六十餘丈又有鹽井若取鹽井水以火井煮之一斛水可得鹽四五斗若家火則不過三斗矣皆物類相感也

奇疾

余幼時見吳門張德基者云有消病每食一餐須用三升米飯肉物四碗佐以果品而猶以為餓並不大便不知其食從何處去也隔一年忽疽發背大如銅盤未幾發背左右上下又添四疽未幾又添落頭疽一個凡六大疽連成一塊七日而死不知其毒從何處來也

杭州家北臨先生屺中乾隆丁丑進士得一疾一日夜飲三四石水而猶言渴甚未一月即死

乾隆丙午歲六月蘇州陳文中之父年六十餘矣病臥十餘日見兩眼兩耳兩鼻內俱出黑煙裊裊如瓦窑醫家縮

手愈後尚活十年

海寧家廣伯與余友善其年不過三十五六忽茹澹凡魚肉蔬菜中微有一點鹽氣即嘔吐不能食其體日瘦狀如枯木三月而死

徽州有程姓者頭髮每日長一二寸許長至足下遂剪去隔十餘日長如故又復剪如是者三四年雖名醫不知也却無恙後遂不長其人至今尚存

蘇州閶門洪氏有婦娠八九月忽生石彈五六枚其硬如鐵其色純白不知其故

又寶靈寺前有雷姓者其家素封一夕鬚眉毛髮滿身盡

禿不出門者數年後稍〻生出然已踈矣
有某姓婦好蓄蘭花冬藏窖室春和啓視鬱蔥增茂大喜
一笑而死
嘉慶十二三年間兩江總督阿公林保自浙閩移節金陵
眷船後發在衢州道中女公子忽聞桂香撲鼻喜以語婢
時已仲冬不知其從何處來也遂得疾抵蘭溪卒
桐城張公為長洲令引疾旋里喜在溷厠閒聞菌溺穢氣
一離厠上便覺魂神失據
岳中鎮壽渊即岳大將軍鍾琪之孫自言在都時得一症
醫者不敢下藥一挑煤者来曰此羊毛瘟也因取針在當

胸桃出羊毛尺許即愈

某娃妻患帶下忽咳出血鼈置水中能遊泳而疾愈

道光元年春疫厲盛行其病皆驟然而至兩手兩足腡筋骨漸收加之脚麻腹痛不一兩時即死病者不自知其病從何來而醫者亦不知何藥能治死者接踵蔓延十餘省京師尤甚實千古以來未有之奇症也又有一病名曰打印天青白日中忽似有人持熱鐵一塊從空中炙其肩背或手足者霎時紅腫或死或不死惟猪豚觸之死者十有七八吾鄉張逕橋人家有猪亦打印屠者殺之見後腿上有方印大如手掌中有四字非隸非篆甚明顯曰李舟東畧莫知其義皆異事也

元銅漏壺

浙江上虞縣庫有銅漏壺一具制作甚精上刻篆書二十行序云江浙行樞密院分治上虞新城至正乙巳夏五月戊午乃鑄刻漏謹晨昏之節以時號令器雖微而政之所關則大矣宜有銘以志作之始銘曰立表下漏軍府之經昭示大信無爽晦明天運有恒水流不息盈虛升降茲器維則人衆耳目視時興居小大奉令以無或渝匪器弗渝維出于公施政若斯孰敢不從江浙儒學副提舉楊彝撰并書慶元路儒學錄臧居敬製以上計十一行下列上虞縣尹王芳都事朱元韋斷事官王若毅龍霖陳子恭經歷

鄭珩毛永伯帖穆爾同僉樞密院事張子元樞密院副使張啓源方永知樞密院事方國珉計九行其前大書要水壺三字亦篆書并有小字一行徐仲裕刻四字俱完好無缺嘉慶元年大興方藕堂維翰為上虞令搨一本示余按揚奡諸人不見於元明二史惟方國珉為國珍之弟見紹興府志

甲子罍

嘉慶甲子年善化唐陶山先生為海州刺史開朐山河深丈餘獲一土缶高尺許古氣磅礴今無其制唐宋物也遂命河曰甲子河此器曰甲子罍

雲臺山玉帶

雲臺山舊名郁州山又名蒼梧山在海州城東北四十里大海中高五百丈周圍約三百里峯巒峭拔花草繽紛真仙境也　國初歸島夷曰沙灘時漲漸成陸地與内地相接康熙十六年漕運總督帥顏保等奏請升科入為内地山頂有三元宫明萬歷初有山陽人謝淳者無子夫婦修行傾家獨建謝遂祝髮為僧名德證三十二年有太后墨勑須大藏經一部佛像三軸紫衣一襲繡幡二聯黄金像三尊神袍三件古玉鎮圭三件玉帶三條古銅爵一事太后自用髮掠一事今山僧俱寶藏之三元宫東北二十

里有名東磊者亦有三元宮道士所居亦有墨勅玉帶之賜余皆親見之

三仙大理石

畢秋帆制府巡撫河南時有雲督富公送一大理石屏制府愛之如寶余客公幕時嘗與余坐屏前咄咄稱道曰海內無二也屏高四尺餘濶三尺餘上有三仙人一仙挺立一仙肩竹杖挑斗笠一仙前来似與兩仙相語狀聞富公得之督署尚是國初逆臣吴三桂五華山故府物也制府卒後家產籍沒猶見於市肆中莫有過而問者

人影石

邕管記載邕州石壁上有男女形如潑硃筆畫成者余見嘉興西門外三塔寺西節孝石坊上有一和尚形洗鑿不去相傳明時倭寇搶掠婦女置于三塔寺禪房將淫之寺僧某以計緩之逸去倭知之大怒遂縛寺僧于石坊上以亂箭射之血漬石上今名影僧石見徐華隱筆記

白螺殼

福建布政司庫有左旋白螺殼一具大如鵞卵重疊包封常貯一紫檀匣每中華天使冊封琉球出海輙恭請白螺殼入船相傳可鎮颶風巨浪天使還則仍繳庫真寶物也

驅瘧玉

歙縣程葦畬於市中得一玉器色黑如漆其形圓不過逕寸厚三分正面有一螭背有三眼或云髭髒或云是甲扣不知何代物也人每患瘧佩之即止後為鮑讓齋觀察所有治瘧如神余親見之

干將劍

吳門有劉希聖者開古玩鋪移居干將坊巷宅甚湫隘于階前鑿井丈餘見其下有街衢皆青石砌成穿井者秉燭旁行見重垣皆巨磚堅不可動得古劍一具方出井為人攫看仍墮井中而泉至矣或謂此亦干將所鑄也惜哉又永天寺前楊姓者掘井至二丈土忽陷中有房屋柱壁如新亦有爐竈瓶盎皆銅一鏟上嵌黃金暗中光焰照人有古篆不知何代物也楊氏至今秘不示人

銀槎

元人有朱碧山者嘉興銀工也善製酒罍奇巧異常余所見

者有張鬵來槎一件重二十八兩槎上橫坐一人眉目甚古
人槎腹中俱空可灌酒一斤許持而飲之槎庖有至正十年
碧山製七字乾隆四十五年陸丹叔侍郎以三百金得之入
貢今藏　内府

猫兒眼

香祖筆記載武陵金編修家有猫兒眼寶石一枚其睛正午則如一線過午即圓又蘇城蔣水部文滂家亦有一枚則子午兩時如一線過子午即圓奇物也水部宅在北街迎春坊此物與其伯兄光少公共爲珍秘從未輕以示人一日聞伯兄殁水部大慟即投寶石於復園池中未幾水部亦殁〻後四十餘年有工匠濬池得之售於長蘆商家云得萬金云

焦山玉帶

明丹徒楊文襄公一清立朝正色尤諳邊事浮沉中外者三十餘年嘗與焦山僧妙福為方外交曾解玉帶留山中將效蘇文忠故事同時方豪有詩紀之事載縣志道光九年長樂梁茝林先生為江蘇方伯以勘練湖事駐札京口偶遊焦山曾以此帶問山僧山僧謝曰不知蓋失之久矣遂物色之蔵於一搢紳家方伯施金贖之仍與山僧世守真佳話也先生遂作玉帶還山圖徵詩成卷玉帶凡二十事皆有瑞鹿祥雲可寶也余亦有詩云焦山洞口石屛顏前代風流不可攀説起朱方楊相國尚留玉帶在人間邊事倥偬獄事繁當年袍

笏忍重論區〻一物猶珍惜合襲青山鎮寺門瓊瑶二十碧光聯瑞鹿祥雲碧上鐫鼎篆鶴銘文半蝕何如此帶尚完全使節来聽甘露鐘大江東去水連空偶将趙壁留鴻雪直比蘇家玉局翁

撒帳錢

余最愛古錢見者不下數百種有一錢青綠如瑩圓圜寸許曰守長命富貴五字說者謂即唐睿宗女荆山公主出降時撒帳錢也孟氏夢華錄謂娶婦男女對拜畢將就床婦奴僕女以金錢彩果散擲謂之撒帳錢即此

太平錢

案洪遵錢錄蕭梁時有太平百錢定平一百之類至北宋初年有太平興國年號故鑄錢曰太平通寶遼時又有太平元寶而錢之別品中又有太平百歲天下太平各種今臺灣所用錢中有太平通寶字樣者最多不知何來余謂臺灣是

本朝新附未必是北宋初年之錢也家湘蕁方伯嘗官臺灣賦竹枝詞云武林春色自年〻雞犬桑麻別有天不識熙〻何世代市中都用太平錢

酷嗜古銅器

甘肅安定縣有陳葵英者字依如乾隆丁酉選拔官岐山教諭酷嗜古銅器雖千金不吝也岐山故多古塚鄉人見其如此輿依如謀發三代秦漢魏晉六朝諸墓所得鐘鼎彝器及鏡錢刀劍之屬不下數十百事依如盡爲購得有欵識者輙搨其文模擬考訂羅列案頭有石磬一枚其色純黑其聲清遠每擊經時不散上有古篆數十字葢三代物也吾友柳海山文學皆所目覩後縣令知其事欲分潤之依如不肯令怒將通稟恭劾之大懼遂告病歸未幾卒聞近亦星散矣

六音

嘉慶二十年間揚州鹽院長白阿公辦理　欽定全唐文一千卷延集海内名公鉅卿文人學士分校成之凡費白金四十八萬兩刻既竣余適遊揚州有商翁某贈余一部余大喜其書尚未裝釘上有編號曰金石匏土草木計六大捆余遂望以為不全還有絲竹二號及細查之並無闕佚不解其故有笑于旁者曰局中主其事者是必讀過三字經矣余愕然問故笑者曰記少時課三字經上有匏土草木石金二句此人乃忘其下句有與絲竹乃八音耳坐中皆大笑

商音

道光元年揚州商户尚未敗壞各有名班新舊城優伶畢集乃奉老郎神爲賽會旗幟甚多觀者雲集旗上排列金書有商宫角徵羽五音字樣余又笑曰自古言宫商豈可顛倒耶有一人曰予不聞揚州人以商爲上也

花果　　　　叢話

品花

梅與蘭為花品之最高者宜空山宜古寺荷與菊為花品之多韻者宜賦詩宜煮茗如牡丹芍藥海棠紫薇之屬則全似富貴塲中惟宜錦幢宜笙歌與玉堂才子金屋佳人作賦填詞潤色太平而已

張香谷太學本籍太倉乾隆四十三四年間卜居吳門之九勝巷遂入籍兩子皆補吳縣博士弟子員其長者名家駒余弟子也香谷最愛種蘭花時觀者接踵有一種名荷

花瓣者為諸花之冠瓣厚而圓朵亦大於群花一莖四五蕊形如小荷花馥烈可愛一時名士如王太守柳亭彭大令藹堂李畫史涪江輩群集所居瑞雪居宴賞藹堂賦詩云誰家竹月鬥繁華兩耳嘗敎聽亂蛙多謝主人情意重偹觴不倩女兒花幽蘭剪剪葉藂藂品格寧隨百卉同何幸得親君子室花香人語共春風燕尾魚魫雅未譜香來鼻觀酒先酣醉餘潑墨誰能事坐上群推鄭所南（謂李涪江）到此纔知空谷香伊人臭味近三湘蘭言佩得歸來後猶有餘芬染荔裳時陸苣江孝廉亦有見招賞蘭欲赴未果一首云春風蘭蕊茁香沁碧窗深舊雨聯今雨談心愜素心

多君諧臭味愧我負招尋玉幹超凡格興懷動遠吟四川蔡進士曾源為香谷繪幽蘭圖至今尚在

吳門周晹齋太守亦喜植蘭不惜重價圖有佳種輙羅致之以為快其名色有梅花瓣水仙瓣荷花瓣又有荑角瓣蝶翅瓣及綠水仙素心金蘭之類每到花開時必邀郡中諸搢紳名士聚于一堂備美酒佳肴玩賞終日其愛之如此又常熟士大夫亦好種蘭每歲二月十二日各將所愛名種彙集城隍廟不論遊人婦女皆得縱觀謂之花會則變雅而為俗矣

蓮華蘭花牡丹俱有並頭而不聞芍藥亦有並頭開者大約總是栽培之工精神所結嘉慶初年南城曾賓谷中丞為兩淮都轉運使篠園芍藥有一莖三萼者中丞賦詩云三朶花三月春三十一品無其倫雲霞作團錦成簇比房婕嬙皆紅玉東君着意薰陶之萬本精邪一本足臨春結綺齊望仙號國肩倚秦韓妍劉家弱妹富文藻香奩錦字才翩翩三朶開似珠樹艷色晶瑩朱草露誰誇學士洛陽春今見美人竹西路飽閱繁華心轉清欲求丹訣鍊長生三華聚頂從誰講忽憶房州仙者名道光壬午中丞為兩淮鹽政篠園芍藥又有一莖三萼者咸以為祥瑞云

篠園

芍藥之多莫過于京師之豐臺而揚州尤盛如東園尺五樓倚虹園桃花菴皆稱妙境而篠園為第一花時植木為棚織葦為簾編竹為籬游人雜遝步町畦間縱橫屈曲香氣襲人如入萬花谷中令人心醉

有六安秀才葉梅夫者善種菊其種法頗與人異不接艾梗不植蘧篠先去螻蟻蚯蚓蔫蝕諸病如松青紫杞都歸自然著有將就山房花譜以色分類如銅雀爭輝老圃秋容皆異豔絕世至今揚州傍花邨猶傳其法蘇州之種菊者莫如虎邱開時爛漫挑負滿街粗細雜出一千餘文可購百盆如家園自植者自較花農為佳然必使培植半年

年间者
蔓下棟
蔔中以
不时浇灌
之分土
传极稀
以萃荡
之亦能生

而後看花未免癡時失事

昔人有以瓊花為繡毬非也今揚州府志有瓊花考所引各書紛紜聚訟訖無定說惟春明退朝錄斷以瓊花為玉蕊即今之玉蘭也所謂玉蕊者花分五朶每附蕚上寔同一房謂之連房玉蕊則瓊花之為玉蘭明矣又何必神奇其說耶

果品

食肉近俗，食果近仙。余俗人也，而喜食果。今試言之：桃之屬北地最佳，京師出者董四墓為上品，山東出者肥城臨清為上品，食之甘鮮，他產者難與比倫也。余嘗謂仙家有所謂瓊漿玉液者，此其是耶？大江以南，上海出者為上品，褚文淵有水蜜桃譜，今洞庭山、吳江、嘉興俱有之，然總不如北地之妙。

杏之屬口外為佳，京邑次之，又有以李樹接者尤佳。

葡萄之屬有十餘種，所謂馬乳葡萄者，其形長圓，作澹緑色，如諫果然，最為妙品。余每至京師，輙喜食之。西苑萬善

殿後園出者尤美寺僧嘗以送王公貴人天下希有

余少時得蔡君謨荔支譜讀之垂涎之至乙卯十一月有事赴閩至丙辰三月即回杭州荔支仍未吃也丙寅夏五月友人陳雪樵為福州參將余寄詩云半生笑我同匏繫一事輸君吃荔支前後二十年中總未一至此〻口福亦有數焉

果品中荔支最有名亦最甘美而與之抗衡者惟枇杷秋花冬結春長夏熟得四時之氣食之有益較荔支為長鄧尉山出者為佳有一種歸白沙尤稱佳品洞庭出者次之

塘西又次之

楊梅吴郡西南諸山俱有之洞庭為上浙紹之蕭山有白楊梅味尤甘

蘋果（亦稱蘋婆果）直隸河南山東西出者實大而甜香而美隨採隨食久則熟味不佳矣

梨之類不一多出於北地有（永平府出者曰玻梨）一種小而圓者（墮地即粉碎味）最甜且爽噉之無渣滓盡化為水即所謂哀家梨者非耶又一種大長圓者亦妙安置得宜可食半年

嘉興出檇李徐園淨相寺兩地尤佳比常李略小果底有掐爪痕朱竹垞詩所謂聽説西施曾一掐至今顆顆爪痕

添是也朱虹舫庶常戴松門文學嘗携數筐来吴分餉其味自較他李為美然他李有一種大而圓者亦妙

櫻桃南北俱有在大江以南以洞庭山（羅漢寺所産者）為佳名曰羅漢櫻桃（最美然）不可多食其性最熱與荔支同

石榴北五省俱有之實大且多南方産者不及也

橄欖（案玉篇出交阯三輔黄圖云漢武帝破南粤得橄欖果百餘本是也又謂之諫果青果一物而異名今江南所食者）多出福建新採擷者不可食食之而無味需在木桶中藏十餘日始香而美昔蔡君謨作荔支譜余仿其意擬作橄欖譜尚未成書

花紅（即王右軍十七帖所謂来禽也）有一種大者俗謂之小瓶果北方人稱為沙果（即王右軍十七帖中所謂林禽也 来）其味稍澀然可散暑氣

芰芡之屬以嘉湖兩府為佳吳中出者次之惟蕩與蓮蓬則江浙到處皆有惟

吳郡之由洞庭東山周圍數十里皆種荷花較湘江南浦為尤甚

橘柚衢州吳興洞庭皆植總以福橘為第一香甘具備余

于乾隆甲寅冬遊福州親嘗其味

接果木

余在京師嘗同法梧門先生進西苑門遊萬善殿主僧出獻茶果有果黃色如杏甚甜其核則梅也問之主僧乃知是梅接杏又天津出滷瓜小而長千萬一律是以瓜接扁豆也他如桃本接紅梅白梅狗橘樹接金柑金橘木樨接石榴則開紅花冬青接山茶則開青花牡丹接芍藥則五色俱備不勝枚舉他如石菖蒲結子用冷米湯同嚼噴炭上置陰濕地則長細葉菖蒲茸茸可愛以老蓮子磨薄兩頭入蛋殼使母雞哺之俟雛成取出用年久燕泥加天門冬十分之二搗爛拌勻植于小磁碗以河水養置烈日中

晒之便開花如錢大葉亦縮小可置几案閒用馬蝗㚒存性研末在紫紅菊花蕊上洒之便色變大紅又石榴花以百沸湯乘熱澆之花必大盛其法甚多雖因花木之性而亦人之巧也

登樓雜記

輪

王邁人

王庭字邁人順治己丑進士出知廣州府歷官山西江西布政使其所作制義與熊劉齊名初母盛夫人未嫁時有老嫗見之曰此女當生貴子生有青記者佛門中來紅記者道門中来後方伯生果有青記據沈翼所撰行略知方伯為後晉時鎮謁使王達後身其青記事見晦堂詩話

尤西堂

吳門尤西堂先生卒於康熙某年六月廿四日有老僕立

庭下見二人舁肩輿先生坐其中有雙旌前導升天入北斗中而没彭氏質神録亦言西堂先生係文昌玉局真官謫生凡間没後仍當歸位殆非虚語

楊文定公

江陰楊文定公名時爲 本朝理學名臣初入都提謁李安溪相國先一夕安溪夢宋楊龜山過訪紅柬上書楊時二字坐語良久其明日文定至姓名内祇缺一字聲音面貌宛如夢中安溪心異之遂留講授爲弟子焉

浦二田學博

吾鄉浦二田先生相傳為杜少陵後身有同邑高其遊蜀中謁少陵祠見石刻小像絕似二田因搨一本裝池贈之先生大喜懸諸坐隅與兩三親舊置酒賦詩以紀其事先生著有讀杜心解一書非無因也

劉雲房相國

長沙相國生時其封翁夢鍾離權来家而生故名權之字曰雲房中乾隆庚辰進士官至大學士　予告歸後年八十餘而薨按鍾離權字雲房唐時人呂祖之師施肩吾有鍾呂傳道記流俗相傳為漢時人非也相國好飲酒及色

年七十五六尚是不醉之量一夜可御七人至上　朝時仍精神炯炯至老不衰蓋有仙氣云

朱幼芝

朱幼芝司馬名景英湖南武陵人官于福建嘗訪一友諸侯官許氏甫入門恍如舊遊因詢主人云此内似有小樓樓上有無可奈何花落去似曾相識燕歸來一聯尚在否主人駭然君何以知之一老婦隔簾諦視謂侍婢曰適纔官人絶似五叔乃知司馬前生是許姓是聯其所書耳

方牧原

通州方牧原先生名汝謙中乾隆丁丑進士嘗為珠湖書

院山長先是高郵城南有　寺僧禅心建禅心將化忽攀踞大樹呼號不至諸弟子跪列於前問師何日重來曰百年鐘不擊而自鳴我當復来耳後州牧李雲崗以寺旁廢地改為書院乾隆二十四年正月十五日夜半鐘忽自鳴廿三日又鳴莫不駭異適牧原到館課諸生乃思禅心臨終之語恰及百年則牧原為禅心之後身矣牧原於乾隆庚午歲嘗梦遊天竺國有佛給與獅象圖並仙桃一枚以歸是年得鄉薦非無因也

蔣虎臣

國初有蔣虎臣名超，順治丁亥進士，官翰林編脩，不樂仕進。自言前世是峨嵋山老僧，後没于陝西。

蔡生甫

德清蔡生甫名之定，中乾隆癸丑進士，官至監察御史。自言前世爲鄰家豆腐店一老嫗，平生念佛持齋者也。

翁叔元生於崇禎癸酉其父肆業南雍夢僧入室其母梦大士授梅檀香一片故原名曰梅字香林

錢湘蓴方伯

錢嶼沙琦生於康熙己丑十一月十四巳時先一夕鄰婦夢神人抱一童子入錢家儀衛甚盛大呼曰奇奇而醒錢翁因而以琦命名蘇子瞻云其生也有自來信哉

劉侍御

潘三松農部云劉侍御亨地為蔣少馬元益門生卒之日語其家人曰我往蔣老師家去也蔣知其言適生幼子命名亨陽長而聲音笑貌與劉酷肖旋以一衿早夭

湯曾輅

毘陵湯曾輅名大奎中乾隆癸未進士官福建鳳山知縣以丙午歲賊匪林爽文之亂殉難海疆其父生曾輅時夢明都元敬太僕儒衣博帶負笈而來曾輅年十餘歲即能吟詠有咏鴉云飛近馬頭晴雪處立殘牛背夕陽時之句為一時傳誦第曾輅與都太僕所遇不同耳

黄閬峰

黄閬峰者浙江人流寓吴門年未弱冠立志不作時文不應試讀書過目不忘（相傳其前身是明季史官某）偶閱横雲山人明史稿輙大笑塗抹之閬峰故多病如醉如癡閉關一室日書數千言皆與明

史不合所載天崇閣事及張獻忠據蜀最詳不知其何所本也著書八十餘卷為其父所燒

袁簡齋先生

乾隆丁未十一月余嘗陪簡齋先生入山探靈巖天平諸勝信宿舟中者四五日因問先生前世為雲南點蒼山白猿有諸乎先生笑曰有之故先生一生遊歷惟不到雲南貴州兩省

朱文正公

朱文正公一生不信釋氏而頗好黃老術相傳前世是羅浮山大石故自號石君其夫人則石旁之老梅也公嘗自言

是乩仙所示云

沈解元

沈芷生名清瑞長洲人乾隆癸卯鄉榜第一丁未成進士辛亥六月病痢勢甚危篤忽謂家人曰今日蘇州府城隍来請取衣帽出来吾當去耳家人驚駭以為不祥明日又曰吾已見城隍神甚蒙優待將送余至山東託生為大理寺卿劉公之子矣言訖而瞑事隔月餘劉公有疾足来蘇述及某月日夢芷生以世愚姪帖拜謁其家是夜如夫人舉一男以為奇異即芷生病歿之日也劉公名墉文正公之子石菴相國弟芷生故為相國門生也

林午橋

汲縣林司馬溥以乾隆壬子歲十一月由福建回河南過仙霞嶺嶺半有黎嶺者上有佛菴為行人憇息之所林因輿人歇肩遂散步菴中正殿西有一室供佛龕黄布為帷不知是何佛也遂揭開視之有金身一區耳目手足皆動林亦心搖目眩者久之恍如舊識意謂此像恐是設機械所致也乃問諸庵僧僧曰此師祖肉身供奉四十年矣指示龕右懸書一軸乃知此僧是湖北人康熙中祝髮至此嶺上向無廟且多豺虎僧為結庵以乾隆癸酉歲示寂先期語人曰吾某日當西歸勿壞吾身四十年後吾當再至

云云林是年適四十歲視其坐化年月日時即其誕生之年月日時也林復以指叩之堅如金石始知為已之前身再拜而去昔人謂蘇東坡為戒和尚後身王陽明為華陽寺僧後身再来之説真實不虛惟金身搖動殊不可解豈前後身相逢感觸能如是耶午橋親為余言

王仲瞿

王仲瞿孝廉自言前世是狐仙在華山修道五百年矣嘉慶二十年寓清江浦偶患傷寒甚劇二更時有兩小狐来看病仲瞿問兩狐云尔爹母俱好否在茵褥上撫摩逾時而去侍疾僕不知也

蔣師高名鄂由吴邑寄籍錢塘入杭州府學文名籍甚自少于經學昕夕鑚研弗得弗措攷据悉折衷鄭孔諸説唐以後置而不問年二十六病革時謂其諸昆曰吾本西京博士弟子中第十八人石渠白虎觀皆舊遊地從兄敦儒第四十一人早復舊職吾去而仍理故業是吾生也非死也二十六年生于人世是吾死也非生也天下通經之士其死者暫而生者久也敦儒名璟辰吴庠生亦潛心經學而早世者俱光禄少卿紫峰先生曾孫

蔣雲臺

蔣少司馬孫雲臺名鳳翽長洲學生三薦省試不售臨歿謂其母曰兒今生阨于功名蹇于壽數來世科第拾芥壽

命延長且言托生某省某郡某邑某家甚悉其母不忍聞之又鳳翙之姪孫步雲名桂芳從鳳翙游者以第一人入府庠未幾殀臨殁時語其父亦如鳳翙言且曰人之輪回壽者夭夭者壽富者貧貧者富貴者賤賤者貴强者弱弱者强如車輪之回環也

戴東原先生

戴東原先生為漢儒之學兼精音韻律算地理諸書其學實傳于江慎修惟東原所著書中並未一及慎修豈文人相輕耶偶讀戴氏遺書凡　本朝以經史之學稱于時為東原所服膺者則有顧亭林閻百詩萬季雅王寅旭謝野臣梅定九及同時之任大椿（興化人）王廷相（婺源人）王晉（歙縣人）孫同珍（錢唐人）李文藻（益都人）王滋齋（著有詩比義述）葉書山（桐城人著有春秋究遺）任領從（著有爾雅注疏箋補）朱文游俞仲林（著有古經解鉤沉）孔葓谷（曲阜人）惠定宇（長洲人）段玉裁（金壇人）汪竹香（長洲人）沈沃田（華亭人）温方如（有西河文藁）董愚亭（山西人著有半壁山房集）程瑤田（歙縣人）盧召弓（錢唐人）任幼植（有禘袷喪服等辯）

王西莊嘉定人錢曉徵嘉定人姚姬傳桐城人是仲明武進人紀曉嵐獻縣人方希源南通州人鄭用牧王輯五汾陽人諸公東原著書甚多半皆未成之作曲阜孔葒谷嘗刻其遺書如考工圖注七經小記屈原賦注日編水經注水地記聲類表孟子字義疏證方言疏注策算鉤股割圜記之類為戴氏遺書余嘗聞之先輩云慎修之學當深于東原實亭林以後一人也慎修名永婺源江灣人著書二十餘種

紅豆三先生

吴門惠定宇名棟硯溪先生周惕孫半農先生士奇子三世攻經古今罕見當時與常熟之陳祖範無錫之顧棟高同舉經學著有周易述易漢學易例易徵言九經古義古文尚書考明堂大道録禘説山海經訓纂後漢書訓纂精華録訓纂紅豆山房古文集等書家有紅豆樹一株今大江南北為惠氏之學者甚多皆稱為紅豆三先生云

戴東原

戴東原先生為漢儒之學兼精音韵律算地理其學實傳于江慎修惟東原所著書中並未一及慎修豈文人相輕

耶偶讀戴氏遺書凡　本朝以經史之學稱于時為東原所服膺者則有顧亭林閻百詩萬季雅王寅旭謝野臣梅定九及同時之任大椿王廷相王晉孫同珍李文藻王涵齋葉書山任領從朱文游俞仲林孔潠谷惠定宇段玉裁汪竹香沈沃田温方如董愚亭程瑶田盧召弓任幼植王西莊錢曉徵姚姬傳是仲明紀曉嵐方希源鄭用牧王輯五諸公東原著書甚多半皆未成之作曲阜孔葒谷嘗刻其遺書如考工圖注七經小記屈原賦注日編水經注水地記聲類表孟子字義疏證方言疏注策算鉤股割圜記之類為戴氏遺書余嘗聞之先輩云慎修之學當深于東

原實亭林以後一人也慎修名永婺源江灣人著書二十餘種

山中道士

齋次風先生著作如山有攷證尚書禮記春秋三傳及史記功臣表前後漢書郡國志攷隋書律歷天文舊唐書律歷天文若干卷水道提綱三十卷史記功臣侯第攷一卷歷代帝王表十三卷後漢書公卿表一卷宋史目錄若干卷先生有堂弟周華者名諸生以逆書案伏誅乾隆三十二年余族祖復齋公任天台時周華之妻妾子女尚在獄中進上元節偶令出獄進署與官眷相會問其致禍之由

言周華平時讀書無他異惟每夜與山中道士談論輒至四更而去所著衣冠皆與人異究不知是仙是鬼也次風先生亦因此革職旋病卒於家

韓潘兩贈公

吴門韓旭亭贈公名是升字東生住郡城東小顯子巷家有洽隱園其西即范芝巖太史里第余年二十餘即識贈公學為詩輒以就正時其少子桂舲尚書尌猶為七品小京官也贈公為人仁而厚博學而多文少補吴縣學生鄉試凡五薦皆不售歷金臺陽羡當湖書院山長生平喜為詩有聽鐘樓詩稿十卷嘉慶十九年春贈公年八十有　旨命其少子尚書尌出京為父稱觴　賜賚甚厚鄉里以為榮又二年而卒贈光禄大夫刑部尚書

潘雲浦贈公名奕基字汝勤年二十以商籍補杭州府學生

後其兄榕皋畏堂兩先生皆成進士惟贈公絀于場屋至
乾隆癸丑公子芝軒太常（相國）大魁天下歷踐清華嘉慶壬戌
歲太常（相國）以兵部左侍郎典試浙江旋督學政贈公與其夫
人始就迎養賦詩曰明聖金閶一水連歡承子舍拜
恩綸新馳　鳳詔三千里重認鴻泥四十年世上榮名如
汝易天倫樂事幾人全側聞蕊榜多英俊報　國由來在
得賢幾載清娛泉石間者回飽看浙中山出門恰似到家
樂就養仍如招隱閒園竹未荒猶待補池荷雖敗不須刪
十年知爾天涯夢相見還疑夢裡顏其明年春余游湖上
海豐張穆菴正為兩浙都轉運使嘗請贈公往半山看桃

花余亦在坐乃笑謂贈公曰公昔在浙江學院遊庠今又在浙江學署就養此古今罕見者也越十年相國以内艱回吳服闋後旋告養又侍奉者十二年適八十稱觴重遊泮宮一時海内文章鉅公蝦詞壽文衆體畢備公猶手自編輯展玩神怡捧觴之日風日清美管絃雜奏孫曾羅拜四世一堂即以其年冬十月壽終可謂五福兼備者矣

吴枚菴

吴枚菴先生名翌鳳長洲人少爲諸生工於詩家甚貧以館穀自給嘗手抄秘書至數十百卷無倦色乾隆五十年吴中大荒乃携其母夫人暨妻子出遊歷湖北湖南廣東江西諸省凡二十餘年無所遇母已百歲枚菴亦七十餘矣余嘗書楹帖贈之云賣賦卅年惟奉母浪遊千里爲尋詩晚年家居仿漁洋感舊集之例選平生交遊之詩曰懷舊集十八卷又印須集十八卷吴梅邨詩集箋注二十卷

三蔣

蘇州蔣子野參軍名草仲弟蔣山名徵蔚季弟青荃名夔爲

梅厂先生子余尚見其弟兄為嬰兒時也三人俱好學著書吴中稱為三蔣三蔣之中蔣山尤邃于經史之學凡天文地理鈎股算術詩文詞曲無所不精惜兩耳俱聾且有弱症終年惟静坐一室而已阮雲臺宫保贈以詩云君年纔可著儒冠眼底何書不盡看平子算章通象緯少陵詩律老波瀾耳如能聽尤當慧我竟為兄大是難喜得談經開左席官齋行舫共春寒有論語鄭注疏證十卷天學難問二卷北齊書證誤二卷又補注周髀算經穆天子傳吴語解嘲諸書余嘗謂吴中人物明時有四皇甫今有三蔣俱可為藝林佳話云

陳（雨峯）總戎

陳雨峯將軍名階平泗州人風雅愛客由河標行伍起家擢為海州叅將海州故有鹽筴之饒奸民私販者接踵白晝橫行官兵捕之不能得嘉慶十八年雨峯始蒞任嘗輕騎巡歷屢捕得著名大梟置之法而防守益嚴忽有十餘梟虎形鵠面投誠束械跪叩軍門願改為農者雨峯察之無他意謂諸梟曰尔等能如是耶每名給以路費提解回籍私販肅清江淮人至今頌之因作投械歸農圖海内士大夫題詩幾滿余亦有詩云不煩弓甲不論兵化得頑民買犢耕指點朐山〻下路他年應築受降城後屢擢至湖南

鎮杆鎮總兵官至松江提督

雁門太守

毘陵有陳服旃者名 明善富而好禮性嗜風雅愛賓客治園囿所蓄書籍圖畫古銅鼎彝之屬不下數千百種一時海内文人都知錄事皆招要過從詩酒留連如沈大宗伯德潛袁太史枚蔣編脩士銓王太守文治其尤著者也如是者十餘年忽有出山之想遂傾資捐府同知分發山西屢署朔平府事年既老家益貧不得已謝官歸里猶賣其舊蓄金石圖書以周急寒士余所目擊也其自用印章一方銅印龜鈕文曰雁門太守章

實齋先生

章實齋先生名學誠會稽陶墟人乾隆戊戌進士官國子監典簿爲餘姚邵二雲太史高弟弟子通於史學嘗爲畢秋帆尚書撰通鑑續編十年而成爲謝蘊山中丞撰史籍考則未就所撰和州志永清縣志簡核可傳尤工古文初師法于大興朱竹君學士而沉雄醇茂攻難駁詰實過于竹君謂班范以下無作手六朝唐宋皆遭指摘自謂卑論仲任俯視子元未免過詡然平心論之實可與鄭夾漈相伯仲也乾隆五十二年余游汴梁在秋帆尚書座中見之相與朝夕者月餘真奇人也尚書旣卒實齋亦旋歿遺文數百篇及文史通義方

志略例等書皆未刻學者惜之

實齋先生

章實齋先生名學誠會稽陶堰人乾隆戊戌進士官國子監典簿為餘姚邵二雲太史高弟弟子通於史學嘗為畢秋帆尚書撰通鑑續編十年而成為謝蘊山中丞撰史籍考則未就所撰和州志永清縣志簡核可傳尤工古文初師法于大興朱竹君學士而沉雄醇茂攻難駁詰實過于竹君謂班范以下無作手六朝唐宋皆遭指摘自謂卑論仲任俯視子元未免過詡然平心論之實可與鄭夾漈相伯仲也乾隆五十二年余游汴梁在秋帆尚書座中見之相與朝夕者月餘真奇人也尚書既卒實齋亦旋歿遺文數百篇及文史通義方

志略例等書皆未刻學者惜之

山陰布衣童二如鈺字二如袁蘭齋先生屢稱其詩並購其遺藁刻之其詩激昂慷慨才情肆發吳枚菴懷舊集謂其得兩宋之長遊歷所至以詩畫自給性復豪邁所得潤筆隨手揮去不顧家計也尤喜畫梅在楊補之王元章之間每畫一幅則一首詩成矣其所用圖章曰萬幅梅花萬首詩印用十餘年又改曰一幅梅花一首詩令人但知其畫梅之工而不知詩學之深也

東有舍人

嚴道甫先生名長明（字東有）江寧人應乾隆壬午　召試為內閣中書在軍機時受知于劉文正公最深迨文正没遂不出與畢秋帆尚書為至友秋帆出鎮陝西東有常在幕下如關中勝蹟圖志關中金石志及重刻長安志三輔黄圖之類皆其所定有歸求草堂詩文全集並雜著二十六種後尚書移鎮河南與洪稚存頗有枝梧不得已出署讓之為廬江書院山長而没其子觀字子進明於地理之學著有元和補志六卷能世其家

里堂明經

江都焦君名循余在阮雲臺宮保坐中識之里堂熟于毛氏詩及三禮好天文律算之學所著有毛詩草木鳥獸蟲魚釋三十卷毛詩釋地七卷羣經宮室圖二卷禮記索隱十卷又有釋交釋弧釋輪釋楕乘方釋例加減乘除釋共二十卷皆言算術也與里堂為友者歙之汪萊海州之淩廷堪吴縣之李銳皆通是學

蔣長沙

蔣長沙曾炘兩目短視而精警絶出偶見人問姓名輙數歲不忘獄詞累尺許過目成誦夙精勾股法每勘地一經親履則某田與某田毗連某田積幾步強某田積幾弓弱羅羅如指上紋也嘗任廣東保昌令有兩姓爭田結訟不決者五十餘年蔣閲故牘曰此田數互有欺隱其奇零紛錯處有誤不能剖析自然執爭適滋訟耳既親勘翌日飭兩造各抱籍詣案下蔣按籍持筭口諭手畫凡甲若干乙若干甲與乙互虧侵者若干曲折纖悉無不詳盡老吏咋舌束手兩造亦驚嘆愧服未能明晰若此也案遂定官湖北襄陽府時有豪棍趙某樊城積匪也恃富逞

强莫敢忤視積有年所蔣微聞之適趙某以索債毆人斃命令其家奴頂凶而自為之証且重賄屍親隣近羣然一辭襄陽令承招解府蔣太守疑焉因首進趙某詢之辭微不合即厲聲曰殺人者汝也不然以汝之財雄一鄉孰敢攀尔作証尔亦豈肯奔走公庭為他人作証耶滿堂皆股慄失色趙亦逡巡吐實遂以抵法合郡士民頌神明焉趙臨刑仰天嘆曰早知天下有如此清官吾亦安敢倚富殺人以自取死也

顧霽堂

顧霽堂名佺長洲人官福建縣令以事謫戍在伊犁者十二年所見塞上風景作竹枝詞三十首頗堪醒目所歷之地自燉煌西出玉門關涉鄯善土過伊吾至車師前後部高昌金滿城哈密回鶻碎葉城羅布諾爾及蒲類海渭干河阿克蘇山回部諸處所記燉煌太守裴岑碑下尚有唐貞觀十四年屯田將軍姜行本紀功碑又漢張騫碑在伊犁之南山文字剥蝕尚餘二十字乾隆三十六年土爾扈特全部來歸封渥巴錫為汗以下親王郡王貝勒貝子公頭二三等台吉皆賜花翎儼然備藩國儀制矣　高昌俗以三月初九日為寒

藩國

食以水交潑為戲謂之壓陽氣婦人皆戴油帽謂之蘇幕遮以赭塗面為美其地無雨雪而極熱每盛暑人皆穿地為穴以處過嶺即多雨雪嶺上有龍堂刻石記云即小雪山也于闐國城東有白玉河城西有緑玉河烏玉河其源皆出崑崙每歲秋國人皆採玉於河　巴里坤海子即古蒲類海每於春秋晴霽之時杲日初昇海中雲起忽依山而成市變幻莫可名狀亦如中國登萊州之海市蜃樓也　回鶻兒女皆不自知其年問之但云似是豬年似是鼠年耳　阿克蘇山路通伊犁有穆素爾達坂回語氷為穆素爾嶺為達坂全山皆氷四時積雪終古不化設回户數十人隨時鑿氷為梯以

利行旅　葡萄溝在高昌多山杏其根入水千年光如明月珠夜懸帳中毫髮畢見　回部以牛乳釀酒名阿爾占以馬乳釀酒名曰七格　天山有雪蓮生於冰崖巴里坤有老松皮厚尺許煎膏服之延年益壽　狼⿰月荒地產金其民與漢人交易常做夜市以鼻嗅金知其貴賤更奇

彭秋士

長洲彭秋士先生名績，為人孤介，不蹈非禮，意有所不可，雖昇之千金弗顧也。妻死後，遂無家，終年教讀于外，每與人接，未嘗發一言，端坐而已。先生好為詩，工古文，精靈超變，不可一世。年五十餘，無所遇，以窮死。其族子尺木進士為作墓志，有曰：人皆悲先生之窮，余獨謂不然。落其實，蓋李次、原憲之流；採其英，亦元結、孟郊之匹。吾未見先生之窮也。然先生終竟不窮，死則所窮者衹在旦暮間，而不窮者無涯矣，而又何悲乎？嗚呼！若先生者，殆古所謂獨行之士歟！

一番榮落

故內閣學士徐公顯年十二三聰穎絕人即能為經解而悍于作時藝其父復堂先生余至好也嘗延余館其家授之繹琴寫字而復教課其少子是時公年十五始開筆未幾遊庠中副車因入京又中順天鄉榜旋中進士一甲第二人為翰詹者十餘年出為安徽學政兩次名滿天下卒於當塗 賜祭葬可謂榮矣後數年余偶入山憩無隱精舍登飛雲閣遙見一大墓碣頭綽緛輝耀山中即徐公也因拜其墓下為歎息者久之余嘗有詩云春來春去總無垠終日看花不見春

堪歎人生如草木一番榮落一番新

施蓮溪

吾鄉有施蓮溪者精于數術其法以六子擲盤中觀其向背離合便知休咎故江東士大夫莫不推重以為神仙蓋其家學淵源由來久矣余幼時嘗聞其曾祖仲達先精是學乾隆中葉作牧南河在前相國高文良公幕下是時文良為江南河道總督一日公有疑事命卜之仲達忽蹙眉而有難色公曰卜以訣疑即有不吉勿諱言也仲達對曰據卦象當即有旨逮問奈何公曰若然應在何日曰七月十三公艴然不

悦曰至期再問即命内使者閑之勿令外出及期寂然以為無驗是夜二更餘公已就寢而逮聞之　旨下矣公蒼皇召之曰先生術甚神乞再卜之終當何若仲達起立喜曰無妨公今入刑部獄不久即出待一年後仍當蒞此任耳後果如其言遂列薦之公卿間所言皆驗傳其子旭初孫熙齋鴻亮俱善其術今蓮溪又熙齋之子也按卜筮之法昉自神農著于周禮通幽索隱知往察來受河圖而定皇策之文闡易總而啓青邱之秘傳于史冊彰彰可考若漢之嚴君平晉之郭景純尤其家著者古有其人而今再見亦

奇矣哉

補履翁

補履翁者姓錢氏名近仁其先崑山人孑然一身挑皮匠擔補履爲業遂以自號每日負擔出得數十錢除飲食外輙以買書有風雨不能出門則手不釋卷尤好譚儒學彭尺木進士嘗爲余言余時纔弱冠欣然往訪叩其門久之始開老屋半椽促衿露肘有原憲之貧顏淵之樂也因問其交遊之道補履曰言忠信行篤敬以己之心度人之心則可以交遊矣余曰是也我行之如此或他人不度我心將柰何補履曰則君子必自反也余深佩其言後汪稼門志伊爲蘇州太守聞其名延至署中與講道學賜之食則受之贈之金則不受也

自此名大著翁死後諸文士送之擇一地葬虎邱半塘許穆
堂侍御爲志其墓

呂道人

乾隆己未吴門蔣時菴先生官軍機中書隨相國鄂文端公往勘南河途中遇一異人呂姓以道人自稱詢其年歲曰吾生于下元之初童顔鶴髮聲如洪鐘挾方術遨遊淮泗間濟人甚衆鄂公偶患脅痛延視之立效其治法世所罕聞也先生著有呂道人傳

李仙隱

乾隆中蘇州圓妙觀道士有李仙隱本名宣仁者能知人休咎多奇中咸呼之李仙人余少時尚見之其貌清癯身裁短小蔣時菴先生元益偕其弟芝岡先生衡一日至觀與李談偶及陰陽

術數之學李書二語謂兩先生曰後日必有驗視之乃鶴峙青龍硐雞棲白雁陂十字也後時菴以侍郎加一級請封得仙鶴補服葬于吳縣龍山芝岡先生以江西藩司任請封得錦雞補服葬于吳縣支硎山雁橋始悟二語之竒

蔣士煌

蘇州蔣士煌名彩闌初生時其父效三夢仙人抱一嬰兒授之十四五歲從書塾中覽昔人所傳飛升尸解之事輒心慕之喜究内丹研性命之旨業師本通儒宗羅念菴先生之學揚大化繼宗鐙士煌承其教澹泊澄定雖處喧囂不改其度精心内觀每宴坐一室光明自發乾隆丁酉士煌謙齋太守

由襄陽調任長沙招士煌至署士煌曰父母已逝吾身可流行自在矣抵署簿書錢穀佐理得宜謙齋倚如左右手士煌閲數日必扃閉卧室聲息不聞如是者半載習以為常一日閉門三日不開長沙公異之啟其戶闃其無人惟得書三緘一寄胞伯即山一寄胞弟恂齋一呈長沙公書中若預知長沙即日罷官有安慰之詞末云姪隨赤脚大仙往終南山去矣翌日有書役于府署三里外一荒菴中得衣帽履襪即其服也未幾長沙果丁外艱回籍守制終養其母不復出山閲二十餘年士煌堂弟元復官山西榆次令幕中有乩仙士煌降乩時長沙公早逝元復詢叔父見否乩云棄官養母孝行

昭昭可成正果矣餘無言

乩仙

蘇城蔣芝岡廉使名衡署江西方伯時有幕友自楚至藩署善乩仙術蔣問功名仙判五言四語云建武知終始前程問永光翩翩佳子弟一路接平陽蔣思建武永光俱前代年號不解何義此乾隆庚辰年事也後蔣由雲南武定府知府陞江西糧道擢臬使緣事罣誤左遷河南南汝光道再遷福建建寧府知府卒於任上二句之驗蔣之弟名元熙官山西平陽府知府子名城官浙江平陽縣知縣下二句之驗也

人心之靈通于鬼神是以一念之動鬼神知之乃有人事未

然而鬼神已知者如鄉闈試題臨期方定而乩仙每能預示
第隱約其詞不易測耳嘉慶丁卯科浙江鄉試前一月士子
叩以試題示曰內一大外一大解元文章不過四百字衆不
解所謂及入場競作短篇人〻自詡必中出場後始悟一大
乃天字首題天何言哉三句截去下文天何言哉四字以分
內外也第二題四時行焉百物生焉二句應四百兩字及魁
墨出字皆七百無一短篇者嘉慶戊寅鄉試以乩仙筆示云
口外兩佳人一在內一在外以兩人應仁字佳字加口為唯
通作惟也多擬唯仁者三句及場後知北闈首題是君子和
而不同一句南闈首題加小人同而不和一句

戴清溪

嘉興有戴清溪者精岐黄術乾隆末年於蜀中開一藥材鋪終身未娶其視人疾也見貧窘者不取分文反以藥餌饋之言語極低静聽之始辨其語戴嘗云凡人語聲高最易傷氣也一日盛暑具衣冠别其友曰吾將有遠行回家後遂沐浴身披葛衣焚香趺坐又撫琴作雉朝飛曲曲未終寂然不動鮮藕一片置几上猶未食也若清溪者殆仙家所謂以尸解者耶吴門周石巖茂材識其人為余言

張鐵鍋

張鐵鍋陝西人嘗鬻鐵鍋於成都市以其名呼之年三十

餘為征金川兵負糧忽有蠻酋十餘人從棘箐中突出將刧糧縛其衆張奮然奪賊刀盡殺之解衆縛以行裨將聞其事報大將軍遂呼至帳下詢其殺賊狀甚悉將官之不顧也與之金亦不受仍還成都賣鐵鍋以終其身焉湘潭張明府九鉞長洲蔣大尹大鎔俱作詩贈之

推算

乾隆二十年閶張真人來蘇隨一法官為人推算功名不用干支八字每人各書一句或兩句贈之餘無他語其後悉驗時蔣召南曰棠又東曰萊倫表模慕元臨照譽賓孝基佑王丕基俱以刺史謁選詣彼推造法官為召南書上

思利民國祚洪興八字時以廣西上思州知州丁艱在籍服闋選湖北興國州知州爲又東書左右有民四字後官廣西左州知州爲倫表書高大門閭四字後官山東高唐州知州以子元爔官贈貴州大定府知府爲慕元書道隆從隆四字後官廣西西隆州知州適在乾隆時爲譽賓書普天安樂四字後官貴州普安州知州爲佑王書雲漢爲章四字後官四川漢州知州

李含芳

陝西城固縣西北二十里有唐仙觀爲漢時唐公房昇仙處古碑尚存今金石家所謂唐公房碑是也嘉慶元年縣人有李含芳者年二十餘

偶過觀中遇道士授以術能日行千里越一二年川楚教匪起蔓延漢中府一帶親串中有語之者曰聞君有法術恐非保身計奈何是日含芳遂不見十餘年無音信後同里人有遊關外者忽遇含芳曰若非吾故人乎我有鎖匙三個為我寄家中其妻陳氏視之果向時隨身所帶之物也此人殆仙去耶含芳妻兄陳玉珊為余言之甚悉

祖印

蘇州齊門内北禪寺僧祖印者素不識字人亦粗俗乾隆某年忽于大殿後掘得趙松雪書圓通閣記一大碑乃發願募緣重建費至五六萬金其餘大殿兩廡山門石道次第而成兩方丈住居上漏下濕窪窄不堪人莫不嘉歎之嘉慶初年余偶寓寺中欲索余題寫石坊上兩額余正在構思祖印忽曰正面擬題花開見佛後面題放大光明八字可乎余極稱賛遂為書之意此僧能通智慧者歟

癡和尚

蘇州朱明寺有癡和尚見人不言不語惟憨笑寒暑一衲人

與食則食與之錢則不取或取之便與他人人有疾病問則隨手寫一方服之即愈寺前鄰居將火先二日奔告人目其癡次日果災閶門外有寡婦閉門將自縊和尚急扣其門得不死某官署有鬼怪作鬧和尚至怪遂絶其他靈異甚多不能悉記道光元年七月廿二日午時端坐而化年七十九初和尚有二犬每日同寢處常為説法衆僧莫不笑之化之前一夕告方丈曰我明日當去矣已而果然二犬亦死

節

東鄉有姑媳守節者族人覬其產逼之嫁終不從一日媳往田中耘棉花姑在家織布忽發火撲之不滅自焚死尸端坐不仆方火烈時媳急行歸救遠見烟焰中有白鶴背坐其姑翔空而上里人亦見之載陸時隆見聞隨筆

黃氏吾邑垂慶鄉人年十九歸里人吳曙巖之子俠君曙巖性疎曠不治生黃倚姑以績織為活三年生一子越三月俠君死而子亦殤姑以哭子及孫相繼殁當是時黃年方二十二曙巖累遭喪益困益自放不顧家黃既治殮畢仰天哭曰嗚呼吳氏之祀斬矣雖然翁在可為也則盡出嫁時簪珥衣

被陳于庭白翁請盡易金買妾翁不許固請而後許之妾入門有身甫五月而翁又死黃治殮畢復仰天哭曰嗚呼天尚閔予志願以男畀吳氏彌月妾生子男也黃大喜告于翁主名之曰鑄居三月妾委兒以去黃自兒殤後乳絕湩已二年日抱鑄於懷哺以糜啼則以乳就之亡何而湩忽生黃復大喜曰今知天之不絕吳氏也終乳之鑄年七歲將送之入學或以無錢難之黃曰人不讀書豚犬耳無錢屋可賣也鑄學五年賣屋五間先母華太安人與黃為中表姑娌見而傷之遂告之先君召鑄于家資之學既冠通文理為童子師能自食矣黃乃度地陽山葬其舅姑及夫之喪焉吳門彭尺木先

生嘗為黄氏立傳歎曰黄氏一女子耳使吳氏之祀既絶而復延使鑄也頻死而不死于翁為忠臣為孝子于侯君為貞婦于鑄為慈母出孤力冒萬死肩五倫完獨志冊書所傳覩記所及如斯人者豈不卓哉先生為作卓行碑刻石惠山節孝祠

乾隆中長洲陳應奎妻陸氏孝廉宇豐女夫病刲股母病又刲股母已後居柩側者三年悲傷成疾苦節終身氏之胞兄孝廉恭中書舍人敬將為題旌并欲載其事於家乘氏怒曰愚忠愚孝守節以死婦人之常何必傳耶以死自誓識者韙之

有編戶李嘉賓妻管氏住西花橋巷年二十遺夫喪誓志守節家貧窘紡績自給上有舅姑養生送死撫一子一女及時婚嫁年七十餘卒無人為之表者

吳門有九袁氏者守節廿餘年而死其兄某往視胷際尚溫不忍殮越三晝夜乃甦告其兄曰方寃之初出也似有一道士前引遂隨之行里許黃沙滿路迥非人境復前行見有紅牆朱門若今之城隍廟者道士忽不見閽內傳呼曰袁節婦至矣隨有兩卒導之見神南向坐舉手謂我曰守節甚佳已告之上帝以汝託生金姓其家數世積善應為鼎甲也忽一吏持柬至乃前翰林彭蘊輝神出位迎入曰公以善業入轉

輪昨天榜已定為某科狀頭又一吏持柬至則封君某翁也神又顧謂曰公一生行善第衣食太豐未免折福來生僅可作進士出彭君榜下二公轉向我曰三人同行可乎神笑謂二公曰此婦守節未滿尚宜受三年貧苦兩卒仍導出一墮而醒閱三年果歿其兄訪之金姓果于是日生一男云

孝

揚州有游孝女以賣卜養其親金棕亭國博見之作游孝女歌一時和者甚衆吾鄉亦有唐孝女以父母無他子以賣畫養其親終身不嫁虞山女史席佩蘭賦詩云圖中不綴閒花鳥只寫貞松與孝烏兩孝女如合一轍

余中表母姨吴嫁袁氏寒士也年五十餘病勞瘵將死醫者曰氣血已虚非藥石所能治倘服人乳或冀其生耳其次媳蔡氏聞之遂乳姑惟謹蔡時生兒纔百日乃寄育他家或者曰兒無乳不生何忍耶蔡曰姑無二兒可再育非忍也越半年姑果瘳未幾兒死而蔡亦歿親戚中知其事咸為感歎棻

新唐書崔琯之曾祖母長孫氏年高無齒其祖母唐夫人每旦上堂乳姑不粒食而康寧者數年其後崔氏大興以此觀之孝大德也蔡氏一婦人未嘗讀書而能知大義立大德亦奇矣哉

湖北孝婦嫁商州土人吳姓者以種田為業其姑病勞瘵孝婦百計醫藥俱無效或有告孝婦曰汝姑心血已枯能以生人心血治之方能愈也孝婦乃私禱於天以快刀自刺其心血盛盃中手授其夫已不能言痛極而死越一日復甦其姑旋愈時秀水張星橋樹勲方為州刺史聞其事乃名孝婦與其夫入署欲見之孝婦年二十餘粗服亂頭鄉人不知禮竟

入堂皇謁見刺史刺史深敬禮之命其進內室見夫人驗明胷前果有刀痕乃益信須臾夫人以大紅紬一幅披其身金花一對插其首刺史亦手書孝婦扁額一道銀五十兩布十端且命肩輿執事佐以鼓吹直送出城觀者萬人咸為感歎

嘉慶戊寅四月事

貞

吾邑有華貞女者其父號述古幼字趙未嫁而壻亡遂繡佛長齋守貞不字父母死育于叔叔又客死貞女素不諳畫模叔小像宛如生嬸又死遺孤九齡貞女為撫育教誨之比長為娶婦後弟又早卒與弟婦撫其兩孤自襁褓迄成立而孤又死僅存其幼終身處子百折不回方弟未死時家有怪箱奩器物之類輒自走床幃間往往有火著物即燃纖縢之物人無知者竊之去尋于他處得之惟貞女所封之物莫能動也女巫來見貞女誦經怪竊聽誦至咒語怪即隱匿誦已復來時有僧妙峯能逐鬼親黨勸延致之貞女曰豈有孤婺之

室而延僧逐鬼者乎吾聞妖由人興吾守貞垂廿載恐有妄念未除而致怪耳吾當不食死我死怪宜自滅遂不食怪忽作人語曰汝家本當有禍故我得至此今貞女以我故死必干上帝譴矣何敢再留貞女無自苦也自此怪遂絕貞女乃復食

姜桂芳字芳垂萊陽姜如農給諫之女孫未嫁而寡守貞不字依親所居夜夢大士教以六法遂通畫理山水人物花卉翎毛偶有臨模無不肖者又能自出新意與虞山馬江香齊名為一時推重晚年好黄老術自號古研道人

雙貞女虞氏韓氏俱顧凝初之媳也凝初子七其第三子名

吾禮聘虞年十二而死第五子名吾忠者聘韓年十八而死時虞氏韓氏俱幼聞訃號泣矢貞自守兩家父母憐其少不從虞于是墮樓入井韓則絶粒投繯以示必死乃俱聽之既歸顧服夫喪事舅姑咸盡婦道虞後于諸姪中擇一嗣早死又擇一嗣不期年亦死虞于是大哭曰天乎吾計窮矣是命也夫乃與韓長齋綉佛同甘苦辮織而食遂以是終虞年五十五先韓卒時韓年四十三矣既葬虞并自封生壙焉

貞女姓曹氏吾鄉湖邨人年十齡字蕩口鎮華瑞林為養媳隔一二年瑞林為人所掠賣杳無蹤蹟曹遂守貞不嫁窮苦萬端以績織自給五十餘年如一日也

余居之南七里曰黄泥橋有高姓養媳彭氏者與高姓子並年十七八以家貧未成禮高姓子每有私語彭輒堅拒之婉言曰未成禮不可也如是者二三年詎高姓子得疾死姑與親串中俱勸慰之欲為擇壻彭大哭曰吾於夫以非禮不從乃又從人耶以死自誓未幾哭泣死余謂此女之守貞與諸嫁殤者不同所謂貞節烈三者兼而有之矣

王貞女者丐女也嘉慶十八年秋隨其母乞食六安寄居於淠河之側鄰有澣衣嫗寡而獨契其母其母他適寄女於嫗久不歸初女來尚幼漸長有姿色其旁有妓家欲購之謀於嫗嫗利其金女覺之遂密縫其上下衣抱石投河死翌日尸

浮出里中婦女哀其貞烈捐金置棺衾瘞之城北義地題其
碑曰王貞女墳云見蔣篆香閨幽編
錢塘程寶肇孝廉女名寄雲年十餘齡能詩工畫尤長於填
詞曾許字某氏子未娶而死寄雲立志守貞嘗賦紅葉詩云
娥眉甘老深宮裡不肯題詩出御溝聞者感歎

烈

蔣烈女蔣明湖之女也居長洲陳湖東有姿色年及笄字與東家王氏將婚順治三年丙戌二月廿一日爲松江亂兵所執欲污之女堅不從兵以刄斷其臂復刺其胸死時空中忽大震霹靂數聲陸澹然作長歌弔之有斷臂合居東海先剖心上可比干擬之句一百八十年來無有傳其事者

吾鄉嵇留山先生爲故相國嵇公曾筠之孫當耿逆叛閩先生適佐范忠貞公幕中同爲賊所執有蘇氏瑤青者年廿四常熟人先生妾也泣謂先生曰主君之與大府死國也無以妾爲念請先殉以報主君遂解帶自縊所居冬青樹下後先

生奉　旨建坊瑶青亦詔旌焉

常熟有吴烈婦者名定生嫁項氏夫死自經兩次皆為人所覺適年仍託疾不食死烈婦通經史能詩有題游俠傳後云游俠原来是亂民龍門立傳太無因後生習見成浮薄風俗何年得反淳讀高唐賦云文人弄筆亦輕狂神女何来夢楚王誤殺風流輕薄子紛〻借口說高唐讀書皆有意見非僅如世之塗硃抹粉者所可比倫也

施文灼妻張氏吴縣諸生張步青女年二十一歸於施逾四載夫卒無子烈婦欲為夫置嗣而族中無有應者治殮畢拜別其姑與本生舅姑欲自盡家人知其意防護唯謹居五七

防者稍懈乃自縊於夫柩旁殮之日忽雷震嗣者之棟事聞於學使李公因培給額以表其烈乾隆二十年事

黄氏常熟人黄本舊家以貧乏雖小戶以居氏幼端莊不苟言笑有大家風年十九歸於張張托業賤其姑見氏有姿色曰是可以為餌也言於遊俠子以金珠誘之氏不從姑怒加以鞭朴亦不懼忽一日舅姑與其夫命氏跪於庭歷數其貞操以為氏罪氏含淚無語是夜氏歎曰吾所遭如此尚得為人乎迺自縊是夜大雷電舅姑房屋盡傾姑驚悸得瘮疾死

潘智妻張氏元和人大興巡檢廷植女智本常熟人亦寄籍大興智既娶得官選神木典史同赴任未幾智卒於任氏子

身扶櫬備嘗艱險瀕於死者屢矣比歸於常熟為夫營葬事姑孝其明年寒食上夫塚哭泣甚哀入夜自縊右三烈婦吴門汪大紳先生俱為作傳

蔡烈婦為洞庭西山徐景雲繼室隨夫賈湖廣夫死即自縊衆救得甦氏兄有客長沙者奔赴勸諭前妻子亦泣拜氏已許不死矣久之防少懈夜持小刀自刎者三氣遂絶時里中有畜羊者一牡一牝牡死牝以首觸石而亡此乾隆三十二年丁亥閏七月事

劉氏華嗚皋妻吾邑城中人劉年八歲父母相繼没無兄弟育於叔伯既笄歸嗚皋亦孤露劉恒以鍼黹佐薪水嗚皋攻

舉業有名不偶遊蜀中頗獲資入京遇盜得疾歸劉割股和藥疾乃瘳貧益甚乃移居城南門四十里新西庄故華氏聚居也越數月病死有女甫九齡家徒四壁無可斂者族人介園龍城等為給錢米殯之當鳴臯之病革也劉指其九齡女曰此男也當出萬死延一綫今夫子之病在旦夕妾年尚少勢不得獨生行且相從時頗有聞其語者鳴臯既殯介園等復饋以錢米劉固辭仰天大哭曰亡夫之得以安手足者實賴諸宗人今未亡人衣食力能自給義不敢再受矣越三日與其女皆赴水死衆大驚啓其室無所有惟几上設三代祖妣及亡夫木主各薦糜一琖鑪前殘燈未滅而劉衣裳皆牽

連密縫不可解因殮焉族人又醵錢米葬之夫婦合兆而祔其女于側時乾隆五十年七月事也

王貞女邑庠生王景襄女貞女少嫻詩歌舉止莊雅年十四許字曹曹生早有文譽十九歲而亡貞女聞訃大慟早起以一椅南向披已衣于上書一曹字赴井死

常熟有衛氏者嫁於陳夫之母及妹俱淫悍故與胥隸私謀并汙婦百計誘脅之不少動母怒縮其衣食虐使如竈婢而婦益婉順母女無如何一日作餦餭使婦餌治故偷減入竈以陷婦婦無以自明遂自絞母怒曰汝乃欲陷我乎箠楚交下且曰此汝自作如能改前非且與美衣食婦曰若是不如

殺我女遂以厨刀授婦使自割頋傷淺不能死女爲助之舁諸床作自殺狀事聞縣官来驗仵人故胥隸黨以自戕報婦之寃竟不得白時嘉慶二十年七月初三事也

吳門金藴亭先生諱綖字絲五年十二應童子試即舉茂才時嶺南方九谷爲江南學政奇其文遂以女妻之顧先生困于場屋僅以選拔得宣城訓導著有藴亭詩稿其夫人方氏諱京字緣林亦工於詩余業師安〻先生諱祖静方夫人所出也山陰楊大瓢寓蘇見其文又妻以女諱珊〻字佩聲亦工詩父子姑媳一家倡和時人比之松陵葉氏午夢堂不是過也

張太夫人諱藻華亭人母顧恭人有挹翠閣集其兄爲少儀觀察鳳孫乾隆元年舉博學鴻詞太夫人生三子長即畢秋

帆尚書次瀧國子生需次員外次澐舉人江西知縣尚書少孤露太夫人親教之遂大魁天下官至兩湖總督乾隆四十五年高宗皇帝南巡時尚書未服闋跪迎道左名對良久因問太夫人姓氏尚書以實對因御書經訓克家四字賜之太夫人能詩有培遠堂詩集八卷海内稱爲賢母

王采微陽湖人乾隆丁巳進士王光燮女儀容令淑好學工書尤能博覽史傳及算適孫星衍字伯淵伯淵每讀史記兩漢文選或以義相質或賦詩相和若益友焉年未三十而卒伯淵後中丁未科榜眼官山東督糧道遂終身不娶

董綺琴吳縣人琴南觀察國華妹工詩年十七而亡有繡墨軒詩集潘榕臯先生為之序

似才女

方夫人名方佩號芷香錢塘人汪勤僖公淑配為杭堇浦先生授詩弟子也夫人詩名滿天下著有在璞草堂稿尤工書法風骨秀勁專以歐褚為宗梁山舟先生稱其靈和峭拔海內希見誥封一品夫人終身富貴年七十餘卒

陳夫人名長生號秋穀為陳句山先生孫女適吴興葉琴柯中丞紹奎有織雲樓詩合刻

項夫人號緗卿錢塘人綬章孝廉妹能詩工小楷又長于花卉人物適許經厓太史乃普其妹祖香適秀才陳退耕亦能詩善吹簫祖香小姑陳滋曾號妙雲幼承其舅江秬香孝廉指授尤工書法善隸草下筆雄健絶異女郎書適

金秀才寅未二年而卒

汪琴雲名逸珠仁和汪首禾中丞姪孫女許字前通永道陳公昌圖之孫其翁春和為兩淮鹽運分司其壻其為京城兵馬司指揮皆以事革職家事中落不能迎娶琴雲今年四十餘能山水得文衡山唐六如兩家法買畫度日若將終身可歎也

梁夫人名德繩號楚生前湖南巡撫沖泉先生敦詩女為廣東布政使許公祖京之媳前工部主事宗彥之室也楚生自幼好讀書工詩歌古文持家有法偕前蘭玉俱有雋才

遂寧張船山太守夫人林氏能詩每出已作必鈐小印曰船山夫婦同用　其弟媳楊氏繼端亦才女也有閒居詩云穿針人欲倦偶尔坐秋亭瘦蝶来空院踈花插小瓶煙浮茶沸響山掩黛痕青無以消餘日黃庭一卷經著有古雪詩鈔

虞山孫子瀟庶常以國子生中式乾隆乙卯鄉榜第二至嘉慶乙丑又中會榜第二捷音到家其夫人席氏佩蘭寄一詩云泥金帖子艷雙眸夫壻公然占上頭杏苑稍舒才子氣蘭陔先釋老親愁淮陰漫説無雙士温嶠仍居第二流我却隴頭還望蜀祝君更上一層樓子瀟得詩以示蒙

古法時帆先生京師士大夫一時傳為佳話

金陵駱佩香夫人能詩刻聽秋軒詩集有隨園老人夢樓太守賓谷中丞為之製序其詩之工亦可知矣余每過其京口寓舍記小樓上有楹帖云一樓正對互夫壘五字欲起夫人城是洪稚存編修所贈樓下即聽秋軒也嗚呼夫人之才之美德之純雖古徐淑左芬不能過之而生命不辰所天早逝至于瓶無儲粟藉筆資生可慨也已

不失一更奇

昔韓慕廬先生少女名韞玉嘗賦白鶴詩有乘風須向九皐鳴之句沈歸愚宗伯選入别裁集中以爲用意典切近吳門有周澧蘭者潘榕皐先生女弟子也亦有白鶴詩云梅陰學舞翻明月松逕閒遊夢碧雲較妙

列女

王采微陽湖人乾隆丁巳進士王光燮女適同邑孫淵如觀察星衍儀容淑令好學工詩尤博覽史傳淵如每讀史記兩漢三國晉書或以義相質或賦詩相和益友焉王殁後淵如遂終身不娶畢秋帆尚書為河南巡撫時嘗刻其詩入吳會英才集

玉清仙子者又號珠湖野士秦郵陳氏女也精六壬奇門遁甲兵占之術又善弓馬習騎射嘗居廣陵垂簾賣卜詞鋒銛利三式疑義莫不逢刃而解繼又自言得長生之術雅慕沖舉泰州宮友鹿贈以詩云名為俠客猶敷粉喚作仙兄未離家學道從今三洗髓御風騎鶴到天涯又云掌上狐虛日昃輪笥中簍籔自通神卷簾一見真如夢恐是留侯似婦人

李氏名静芳字紉蘭長洲蔣繡谷原配也少通翰墨善繪事嘗於花晨月夕更唱迭和逸興揮毫人爭羨之尺素寸縑得者如圭璧焉

長洲蔣敦人中翰女適崑山徐健菴司寇孫廩生德諒工文詞有專集德諒本邑名諸生為沈文慤公高弟夫婦互相賡唱子女亦嫻吟咏家庭之内自相師友中翰弟竹浦封翁女適同邑廩貢顧麟雲能作八股文字絶近成宏尤奇

吴縣歲貢朱宮峯名德垣室張氏名浣江字蓮芳係匠門先生從孫女也嫻吟咏著有種學齋稿其詠月令花詞十

二首尤傳誦一時詠梨花云一枝帶雨淚欄杆玉貌還宜月夜看白燕若從花下過冷香定惹素衣寒秋海棠云月光暗淡露華融醉態迷離掩碧叢可是少陵題不到年年腸斷怨秋風菊花云超凡骨格絕堪憐瀟灑東籬態欲仙不向秋風怨冷寂却留佳色破寒煙芙蓉云嬌姿嫋娜晚風前三醉楊妃態更妍彷彿玉人臨鏡面暗中顧影自相憐子駿聲六七歲氏即授以唐人絕句聽後不凡十三郡試冠九邑士即遊庠食餼旋登戊寅賢書文名籍甚駿聲妻徐氏亦能詩

松江王紫宇太守官宜昌適值教匪滋事者數年以勞瘁卒於任所所生二女長韞徽字澹音次崑藻字綺思皆能詩澹音有環青閣詩稿綺思有挹翠軒吟草女中之二蘇也嘉慶元年三月當陽失守枝江宜都長楊一帶境內亦多蠢動逼近郡城人人戒嚴矣時澹音綺思姊妹俱在署中澹音有月夜懷家大人長楊軍營云雲斂長空皓魄明光華一片隔重城高懸玉帳人同潔朗照氷壺迹更清祇合刀環占別夢莫教羌笛動離情何當挽取銀河水洒向關山洗甲兵至己未八月川匪竄逼宜昌人情洶懼有詩云烽火連圻西復東紛紛將士枉論功傳來風鶴聲偏警

化遍沙蟲劫未終野哭千家秋草外悲笳幾處夕陽中書生籌畝原非易借箸聊存鐵石忠激昂慷慨殊有車轔駟鐵之聲此女子中希見者綺思亦有將歸雜感詩云十載天涯客江鄉路四千關河勞遠夢烽火暗連年歸計今才決餘生轉自憐婁陵景蕭索回首益淒然地下難消恨浮名負首邱死誰憐畫寐生悔覓封侯琴鶴悲猶在尊鱸願莫酬青山虛舊約空憶賦歸休（自注先君有白髮青山空有約歸田何日賦歸休之句）綺思尤長於五七言古遊白雲泉云我登天平山山色清如沐中途得精舍數椽裂山腹奇景訝天開豁然朗胸目玲瓏洞壑深窔兀髻鬟矗澗側蟠古松石罅走飛瀑老僧閑關

卧客至驚不速呼童汲寒泉煮茗焙新綠一甌活火烹雨腋清風足恍在羲皇初洗盡塵埃俗留連未忍還僕馬若相促迴車駕言邁斜陽下平甃回首白雲封泉聲勝琴筑

又題余梅花溪上圖云我讀棋溪詩未見梅溪景披圖見梅花使我輒引領羨渠修幾生而能到此境開軒攬明月臨流鑒疎影水清鷗自照露白鶴先警清音奏三弄人與花俱冷遥鐘墮昏黄微吟耽寂静逋仙不可作此意共誰省

元和沈别駕肯松女適石埭陳模夫〻苦節撫孤旋歿又撫嗣子教養成立親自督課有古賢母風氏通九經工詩

著有雲泉閣詩草

長洲蔣時菴侍郎四媳徐氏苦節通左國史漢教子鳳翽為名諸生時胡果泉中丞巡撫江蘇贈以聯曰苦節閑有家行恒學以聚紀其實也中丞為侍郎視學江西所得士

元和沈學博欽裴室彭氏貢生兆蓀妹工詩賦兼長丹青氏字湘蘅

孫氏名瑶號素英善寫花卉翎毛為吾鄉孫東滙大令孫
女外大母係鄒小山宗伯之女故得其傳年十九歸華
奇瞻亦鮮繪事閨房之內各有課程適然樂也素英聰俊
過人稍通書史尤嗜子平之術為人推算百無一失更㝵

沈端生，歸安人，適長洲諸生蔣元勲。幼聰穎，於女紅外耽吟咏。其詩獨標清勁，無脂粉之習。詠楓葉云：看去似花兼似繡，映來宜水復宜山。元勲從姪貢生麐壎妻吴氏亦能詩，詠佛手柑云：高擎空訝曇花現，合掌宜偕貝葉留。吴氏事親尤孝，十三遭母喪，暈絶復蘇，茹素三載。既嫁，父患中風，朝夕虔禱，願以身代。父歿後，悲鬱成疾，三載而卒。卒後數月，妯娌從鏡奩中得假齡延父一疏，字字肫摯，見者酸鼻云。

王韻梅字素卿常熟人工詩尤長於填詞著問月樓詞鈔有朱淑真斷腸詞遺意記其滿庭芳前半闋云命薄如雲人孤似月一腔幽恨重重濁塵身世早悟鏡鸞空點點羅襟清淚休彈與沒字飛鴻危闌畔半簾明月夜夜照房櫳蓋其所天不耦梟鳳相參故音節悲涼令人不忍卒讀也

錢守璞字蓮因常熟人上舍生張琪室蓮因著靜好樓集有閨雁感懷寄外三首云叫破殘更五夜霜夢回何處莫愁堂

哀吟少婦詩千首遠寄征人字一行似感離群悲絶塞為憐孤影斷衡陽數聲嘹唳寒雲裏縱有歸期是異鄉。為訴羈愁路萬千羣飛鳴咽苦纏綿聲來楓葉斜陽外影入蘆花淺水邊玉笛關山曾繞夢銀河牛女又經年桃燈今夕秋窓下不聽寒砧也黯然。欲寄寒衣泣素秋天涯有客獨登樓行蹤漫逐華亭鶴狎侶偏尋海上鷗箏柱安排人待月櫓聲欵乃夢隨舟殷勤封得啼痕去應解空閨一段愁又讀曹瓊娟貞女守志述懐詩云桃李容顏氷雪心芳年十七羅調琴女媧未補情天缺精衛難填恨海深孤鶴不歸仙路杳嬌花偏受峭寒侵斷腸詞句知多少夜半桃燈幾度吟。鏡裏燈前總黯然驚鴻隻影欲生憐柏舟自誓成高節漆室悲吟撫舊絃修到好花終有劫非關明月不常圓雙星閤斷嫦娥寡同入迢〻離恨天其他佳句如秋夜云病來詩亦瘦愁到酒難寬梅花云素心千點雪太古一枝春七言如紅樹雲邊僧寺塔青帘村杪酒人家水聲流斷客中夢山色難分眉上愁又讀李少子鏡花緣傳奇云名紀泣紅亭上女大都薄命為聰明實為自己寫照矣

江碧岑

江珠字碧岑長洲人自號小維摩余友鄭堂上舍之妹嫁同邑吾半客詠落花云滿院綠陰人賦別一簾紅雨燕歸來病起云覺悟翻從愁處得道心時向病中生遣興云甘來蔗尾甜終薄香到梅花味亦酸惟碧岑貧而多病年未三十卒讀其詩者莫不憐之又沈孝廉起鳳之女名玉香者有句云南浦綠波人別後小樓紅雨燕來初亦妙與碧岑不謀而合

吴飛卿夫人名規臣一字香輪金壇人適吴門顧少府鶴飛卿工六法能詩詞尤善寫生得趙文淑馬江香精藴詩不多作而筆致俊逸冰清玉暎如其為人今之謝道藴張元妹一流人也嘉慶己卯庚辰之間飛卿負米揚州余憐之視為義女記其春日過虎邱遇雨云水程迢遞悶無聊柳外斜陽雨乍消兩岸落花浮宿漲一枝柔櫓劃春潮誰家翠袖搴珠箔何處紅樓按玉簫如此韶光留不得軟風吹過畫眉橋移竹云移來新竹種墻隅好雨廉纖潤似酥明月踈星三五夜不知清影上窓無秋夕云井梧葉落帳難留繞砌蟲聲易感秋斜月半窓人不寐風翻花影上簾

鈎辛巳秋仲以張靜殊夫人之招又遊白門有白門詞秋夜云（浪淘沙）推却伯牙琴何處知音梧桐陰裏坐深深不敢思量多半惘生怕離魂　風露夜淒清悄訴花神蘭因薏果未分明笑指天邊新月子可是前身曉起寄吳中姊妹云（思佳客）薜荔墻高日上遲膽瓶親插好花枝心經熟誦教鸚鵡詩冊慵抄倩侍兒　閒困頓費支持中年那似少年時連宵頻覺清無寐此意愁教阿母知有感云（蝶戀花）到底今生何等命渺渺蒼天萬喚都難問無限傷心成小病宵來又是西風緊　夢逐爐香燃復燼浪跡萍蹤淚濕羅衫冷小咒封姨心太忍樓頭不管愁人聽秋雨夜坐云（采桑子）[王宛仙] [兩]

昨宵星月今宵雨首似春蓬心似秋蟲畢竟情懷那樣同

小樓深閉愁無那才聽蹤鐘又聽征鴻難道吴儂不懊儂

薄暮獨酌云青玉案

煙痕作暮風絲冷篔只有儂心領逝水年華真一瞬春花多笑秋花多病總是傷心境

危樓鎮日無人影小立也拋清茗濁酒澆来心自警歡時偏醉愁時偏醒何處將商量準

臺城晚眺云清平樂

蹤林雲裊不道秋深了炊煙散徧山都小抹却臺城多少

參差樓堞如麻六朝空剩泥沙一片斜陽千里風颭何處歸鴉

列女

吴門女史有唐墨蘭者名桂凝嫁晉陵孫芸卿少尹為室芸卿亦能畫淹滯京師不得已游幕津門窮益甚不顧家而墨蘭亦以筆墨自給時雲間王澹音夫人隨其夫壻楊君官（尚湖）津淀賦詩贈之云墨蘭女史顏如玉家住吴門出名族生小聰明失怙寒阿母劬勞親教育十歲辭家事舅姑相看絶愛掌中珠金針七夕穿絲縷黛管三春學畫圖遶欄諦玩調顏色傅粉研硃還吮墨弱腕濡毫寫折枝圖成沒骨工無匹荏苒笄年入洞房洞房燕婉勝尋常畫眉夫壻如周昉妙手佳人似趙昌秋毫獨竊天公巧雙管齊含春澤好已見榴英結子多忽驚椿樹凋霜早萱草秖承堂

北歡棣花豈意亦摧殘堪憐獨活萘枝弱芸卿有嫂年十七而寡轉覺全生門戶難倡隨同調誠佳事無那長安居不易十指辛勤聊濟貧一官淹蹇長需次卻倩丹青是筆耕翻教聲價重連城家〻粉箋求描景處〻冰綃乞寫生芳名遐邇流傳遍閨名悵未能相見憑將翰墨結因緣貽我團圞雨紈扇開函朱碧倍鮮明氣韻殊非俗筆成穠英半吐迎風艷瓊蕊方開帶露清因知名實無虛讓珍藏什襲永佳貺久慕長康擅寫真貌出全家入屏幃披圖笑貌共依然叢桂幽蘭點染妍坐閣因復談家事為道生涯絕可憐初看名畫已難得復聽斯言還太息由來造物忌生材當時應悔

抛心力往〻名高坎坷多如君絶藝奈君何挍桃深感美
人意報之瓊瑶爲作歌

《國家圖書館藏未刊稿叢書》總目

日記編

書札編

金石題跋編

國家圖書館未刊石刻題跋輯録　盧芳玉　整理

小蓬萊閣金石目（清）黄　易　著　盧芳玉　整理

題贊手卷編

明渤海孫氏積善堂題贊手卷　田曉春　整理

中法漢學研究所編

燕京傳薪録
——中法漢學研究所未刊稿研究
孫　俊　程天舒　林世田等　編著

著作編

周易注疏校勘記（全二册）（清）阮　元　總纂

讀相臺五經隨筆（全二册）（清）周廣業　著

經義述聞（全九册）（清）王引之　著

經義考異（清）方　邁　著

國語解訂譌（外三種）

國語解訂譌（清）孔繼涵　孔廣栻　輯校

白虎通義校稿（清）吴　騫　輯

古小學書鈎沈（清）陳　鱣　輯

聲系（清）陳　鱣　著

説文解字考異（全五册）（清）姚文田　輯

四庫全書表注（全二册）（清）李文田　著

登樓雜記（全三册）（清）錢　泳　著

蛾術編（全十册）（清）王鳴盛　著

籀鄦簃雜著（全三册）（清）王仁俊　著

『十三五』國家重點圖書出版規劃項目

2011—2020年國家古籍整理出版規劃項目

2020年度國家出版基金資助項目

國家社會科學基金重大項目『國家圖書館藏未刊稿整理與研究』（13&ZD107）

國家出版基金項目
NATIONAL PUBLICATION FOUNDATION

國家圖書館藏未刊稿叢書·著作編

登樓雜記

（一）

（清）錢泳 著

主編 劉玉才 陳紅彦

鳳凰出版社

圖書在版編目（CIP）數據

登樓雜記 /（清）錢泳著. -- 南京：鳳凰出版社，2021.8
（國家圖書館藏未刊稿叢書 / 劉玉才，陳紅彦主編. 著作編）
ISBN 978-7-5506-3351-3

Ⅰ. ①登… Ⅱ. ①錢… Ⅲ. ①雜著－中國－清代 Ⅳ. ①Z429.49

中國版本圖書館CIP數據核字（2020）第261641號

書　　名　登樓雜記
著　　者　（清）錢　泳
責任編輯　孫　州　姜　嵩
裝幀設計　姜　嵩
出版發行　鳳凰出版社（原江蘇古籍出版社）
　　　　　發行部電話 025-83223462
出版社地址　江蘇省南京市中央路165號，郵編：210009
出版社網址　http://www.fhcbs.com
照　　排　南京新華豐製版有限公司
印　　刷　南京新世紀聯盟印務有限公司
　　　　　江蘇省南京市建鄴區南湖路27號春曉大厦5樓，郵編：210017
開　　本　718毫米×1005毫米　1/16
印　　張　52
版　　次　2021年8月第1版
印　　次　2021年8月第1次印刷
標準書號　ISBN 978-7-5506-3351-3
定　　價　880.00圓（全三册）

《國家圖書館藏未刊稿叢書》編委會

序

中國國家圖書館以庋藏中國古籍善本宏富著稱，其中宋元舊槧、珍稀印本，向爲學界推重，頗獲利用。相較之下，約佔館藏善本總量三分之一的寫本類文獻，利用還遠遠不够，堪稱有待發掘的文獻寶藏。國圖藏寫本文獻以著作稿抄本爲主，兼及日記、書札、題跋、校語、文書檔案等類文字形式，因多爲唯一傳本，故有别於刊印文獻，具有獨特的文物、藝術和文獻價值。根據館方專家調查，〔一〕館藏宋元抄本即有十五部，明抄本則多達一千一百四十六部，其中一百七十餘部爲内府所抄。如宋仁宗親撰《洪範政鑒》，僅此一部内府抄本秘藏宫内，從無刊刻傳抄，彌足珍貴。明嘉靖間《永樂大典》抄本，世存殘卷亦以國圖收藏最夥。許多早期抄本與原本成書年代接近，而原本或有亡佚殘缺情形，抄本遂具有無可替代的校勘與輯佚價值。國圖所藏明清抄本中，著名學者、藏家抄本佔有相當比例，許多是影抄宋元舊本和珍稀本，僅毛晋汲古閣影抄本即有近八十部。在清抄本五千餘部中，還包括有盧文弨、鮑廷博、吴騫、翁方綱、陳鱣、黄丕烈、焦循、管庭芬、楊守敬、王國維等名家手稿本。著作類稿抄本之外，國家圖書館還藏有明清以至民國一百五十餘家日記稿抄本，三四百種書札文獻，數

〔一〕陳紅彦《國家圖書館藏抄本述略》，《國家圖書館學刊》，2016年第4期。

千款金石題跋，以及數量不菲的圖卷題詠、批校文字、文書檔案等類寫本文獻。上述寫本文獻，除部分著作抄本之外，大多未經刊行，均可歸爲未刊稿之列。

寫本文獻存量稀罕，往往具有孤本性質，加之多數未經整理，字迹辨識不易，閲覽亦不方便，這都成爲限制其發掘利用的重要原因。有鑒於此，我們組織國家圖書館古籍館與北京大學中文系合作的學術團隊，在對館藏寫本文獻全面調查的基礎上，首先選擇具有重要學術價值、讀者利用不便的未刊文獻，予以整理刊布。並在國家社科基金申請設立『國家圖書館藏未刊稿整理研究』重大課題，以保證整理研究工作的實施。經過課題組同人的共同努力，陸續完成部分階段性成果，今擬分作日記、書札、金石題跋、題贊手卷、中法漢學研究所、著作諸編，依次予以刊布。

《日記編》整理收録顔懋价、葉鈞、張廷濟、何紹基、趙宗建、黄彭年、江標七位清人未刊稿本日記。其中如黄彭年、江標，不僅參與過重大政治活動，在學術領域亦有較高成就，屬於政學兼通的重要歷史人物。黄彭年《黄陶樓先生日記》、江標《笘誃日記》所載均長達數十年，可稱一生行迹的詳盡記録，涉及朝章典故、交遊見聞、日常讀書生活等諸多内容，極其豐富。張廷濟《張叔未日記》、顔懋价《顔脩來日記》、葉鈞《壺中日記》、何紹基《東洲草堂日記》，雖然記述時間不長，但是内容各有所長，據之不僅可以考察日記主人的生平交遊，還可豐富清代學術史的場景。晚清藏書家趙宗建的《舊山樓日記》《非昔居士日記》《庚子非昔日記》，内容跨越清同治元年（1862）至光緒二十一年（1895）共三十多年的時間，記録了趙氏的日常生活、藏書收購及與衆多友人交遊情形，還有對圍剿太平軍的見聞記述，頗能反映江南地方士人的生活與眼界。

《書札編》從館藏各類書札文獻中選取黄彭年、趙宗建、張蔭桓、袁昶、王懿榮、吴重憙、繆荃孫、葉德輝等十餘家往還書札，予以整理刊布。因所涉人物都是晚清、民國間重要官員和學術文化界名流，書札内容豐富，且未經前人揭示，具有無可替代的文獻價值。如《黄子壽先生遺札》收録清光緒年間黄彭年在江蘇布政使任内與按察使朱之榛之間往來信件六十七通，涉及漕運與海運之流弊、來蘇流民之安置、正誼書院並藏書樓之籌建等諸多政務。黄彭年著述宏富，但大多未經刊布，本課題同時整理其日記、書札，預期將會推動學界對黄氏的深入研究。《趙宗建友朋書札》收録趙宗建光緒年間所撰詩歌、隨筆、抄經、墓誌銘、祝壽帖及其友人李芝綬、季錫疇的書札共一百四十餘件，不僅内容豐富，還可與《日記編》所收趙氏三種日記互相參照，促進學界對這位重要藏書家的全面研究。《袁昶友朋書札》收録劉履芬、丁丙、馮煦、孫詒讓、楊守敬、沈曾植、戴望、張謇、李文田、孫衣言、張鳴珂、張之洞、陸潤庠、王頌蔚、王懿榮、翁同龢等人信札二百餘通，袁昶親自整理粘貼爲十二巨册，涉及歷史人物衆多，堪稱是晚清學者的群體資料。《王懿榮往還書札》收録王懿榮與師友、親屬往還書札數百通，基本可以反映其後半生的主要經歷與交遊關係。王懿榮光緒年間授翰林院編修，三任國子監祭酒，博覽書史，精於鑒藏，與當世金石學者來往密切。書札所涉人物包括潘祖蔭、陳介祺、繆荃孫、吴大澂、盛昱、汪鳴鑾、孫汝梅、黄紹箕、吴重憙諸名流，以及女兒女婿等家人。書札内容多爲討論金石碑拓釋讀、古籍收藏、科舉學問，以及時務政治、爲人處世、家務瑣事，據之可以考察同光時期精英士大夫鑒藏金石之風尚，以及業餘生活趣味的豐富細節。《藝風堂同人尺牘》是晚清著名學者繆荃孫的友朋書札稿本集，收録惲祖翼、繆朝荃、劉炳照、吴慶坻、陳慶年等人致繆荃孫書札一百餘通。書札的撰寫時間多在光緒時期，内容比較廣泛，除家常瑣事之外，還涉及刻書、詩詞交往、方志編纂等方面，是研究繆荃孫學術交遊、晚清政治與文化教育的重要資料。葉德輝致松崎鶴雄書札（《郎園手札》）是著名學者葉德輝1910年至1920年間致日本學者松崎鶴雄的書信，涉及研治經學、小學等多方面内容，可稱現代中日學術交流史的重要文獻。

《書札編》收録書札出自名家之手，書法用箋考究，文獻價值之外，兼具有藝術觀賞價值，故採取録文整理與選擇影印結合的方式予以刊布。此外，我們還特邀白謙慎先生、薛龍春先生精選館藏十餘種名家尺牘，製作法書字帖，集爲《國家圖書館藏清代名家尺牘法書選刊》，以饗書法愛好者。

國圖收藏金石拓本豐富，題跋數量衆多。如宋元合璧拓本《廣政石經》即有名家題跋、批校百餘款，宋拓《嘉祐石經》亦有吴昌碩、丁晏、葉昌熾、沈曾植、羅振玉、陳寶琛、楊守敬、曹元忠、繆荃孫、柯劭忞等多人題跋和批校。《金石題跋編》甄選館藏金石題跋七十餘種，以拓本爲單位，撰寫提要，著録題名、拓本、裝幀、行款、書體、責任者、遞藏源流等項信息，並對題跋文字進行輯録整理，可爲金石證史、拓本源流研究、金石學者交遊研究提供全新的資料。

《題贊手卷編》率先刊布長達十六餘米的《明渤海孫氏積善堂題贊手卷》，該手卷是河北滄州孫楷第家族世守之寶，彙集明代前期朝廷重臣、翰苑侍從、書法名家四十三人的題贊墨迹，爲明代文化史、文學史、書法史研究的重要實物與文獻。諸家題贊，書法風格各異，可稱難得的藝術珍品。其中如明代第一大和尚姚廣孝的題贊，可能是其唯一的傳世手迹；而明初賢相『三楊』（楊士奇、楊榮、楊溥）和書法大家『二沈』（沈粲、沈度）的墨迹傳世甚罕，手卷所存可謂吉光片羽，彌足珍貴。此次刊布改卷裝爲經折裝，採用原版影印與題贊釋文相結合的整理方式，前半部分展示手卷原貌，後半部分爲題贊釋文、印章釋讀及題贊者小傳，既能滿足學術界對此珍貴文獻的研究需求，又可據之勾勒明初京師文化圈的面貌。

中法漢學研究所是法國中法教育基金委員會1941年在北京資助成立的漢學研究機構，設有民俗學組、語言歷史組、通檢組、圖書館、法文研究班等部門，開展文獻搜集整理和研究、翻譯工作。該研究所1953年撤離中國時，部分申請出關的圖書資料被中國政府徵購或没收，輾轉存藏於國家圖書館。《中法漢學研究所編》對其中曾毅公《五十年來之甲骨學》、陸翔《敦煌學著述考》、傅惜華《漢代畫像全集》三編、徐宗元《古今本竹書紀年合校》、柯昌泗《漢晋石刻略録》、羅常培《蒙古字韻跋》、魏建功《完全本王仁昫刊謬補缺切韻初次的討論》等未刊論著稿本以及神禡相關資料，進行整理研究，以求揭示這批珍貴稿本資料的學術價值，豐富敦煌學、甲骨學、民俗學等專題學術史，爲深入瞭解中法漢學研究所的學術活動，探究現代漢學研究史，提供文獻幫助。

著作稿抄本在國圖館藏寫本文獻中數量居多，近年頗有影印出版，加之閲覽方便，已漸爲學界所關注，因此未列爲本課題重點對象。不過考慮到有些著作稿抄本學術價值很高，甚至關涉重要學術論争，有必要予以刊布揭示，更便利學界研究，我們選擇方邁、王鳴盛、周廣業、孔廣栻、吴騫、王念孫、王引之、姚文田、李鋭、李文田等清代學者稿抄本予以影印，并分别撰寫研究解題。其中如李鋭《周易注疏校勘記》殘稿，是阮元主持纂修《十三經注疏校勘記》的重要文獻見證，有助於釐清當年校勘工作的緣起與修訂過程。《經義述聞》涉及王念孫、王引之父子著作權的爭議，是清學研究界關注的熱門問題。爲便於展開深入研究，我們將國圖館藏《經義述聞》初刻、二刻、三刻所據稿本及《校書録》稿本合併影印。其餘諸家稿抄本，亦精彩紛呈，各有可觀。

以上未刊文獻，雖然形式有别，但是日記、書札、題跋及著作稿抄本内容多有關聯，甚至可以相互印證，子課題實際都是總課題的有機組成部分。我們希望通過對這批未刊文獻的發掘整理，爲學界提供第一手的資料，以推動明清以至近現代學術史研究的深入。在整理過程中，根據文獻樣式的不同，我們分别採取釋讀、點校、輯録、影印、解題、小傳等整理研究形式，以期最大限度地發揮未刊文獻的功用。因爲未刊文獻的隨意書寫特性，文字辨識、内容整理難度很高，整理成果想必仍有不少訛誤，期待學界同人不吝指正。此項整理研究工作得到國家圖書館古籍館、北京大學中文系的大力支持，浙江大學文化遺産研究院白謙慎先生、薛龍春教授在文字釋讀方面給予無私的幫助，鳳凰出版社慨允出版，謹表衷心感謝。

北京大學中文系、中國古文獻研究中心　劉玉才

二〇一八年五月

目録

登樓雜記（二）

登樓雜記（三）

解 題

《登樓雜記》不分卷，清錢泳撰。錢泳（1759—1844），初名鶴，字立群，號梅溪、梅叟、梅花溪上老人，江蘇金匱人。錢泳是清代重要的書法家、金石學家，不樂仕進，以金石書畫自娱，先後入畢沅、李亨特、秦振鈞、張井等人幕中，與成親王永瑆、畢沅、翁方綱、阮元、包世臣等人交契甚密，一生在遊幕、著述中度過。其著述甚多，較爲有名的有筆記《履園叢話》二十四卷、《熙朝新語》十六卷（與徐錫麟同輯）。錢泳精於水利之學，有《水學贅言》一卷。至於遊藝，除了深於金石，書法作品爲時人所重外，錢泳還精於摹刻法帖，他所摹刻的法帖中較爲重要的有劉墉書《清愛堂石刻》、永瑆書《詒晋齋法書》、師亮采輯《秦郵帖》等。其門人胡源、褚逢春編有《梅溪先生年譜》，今人李國强以舊譜爲基礎編有《錢泳年譜》，記事較詳。

中國國家圖書館藏《登樓雜記》爲錢泳清稿本（索書號：05817），分六册，半頁十行，大率行二十三字。此書的主要内容，大致可分爲以下幾類：

一、記邊疆及外國之歷史與風土人情，如開卷之《滿洲》《寧古塔》《西藏》至《朝鮮》《琉球》諸篇。有些内容出自作者親見親歷，具有一定的史料價值，如《琉球》篇記錢泳本人與琉球使臣酬唱、《安南國》篇記其親見安南使臣等。需要注意的是，關於邊疆與海外諸國的内容，有些是錢泳轉鈔而來的。有些原始出處尚可稽考，使用時要注意核查其原始出處，如《西藏紀程》一篇，蓋本於杜昌丁所撰《藏行紀程》。有些其原始出處無考，這部分具有不可替代的價值，如《琉球》篇中所記嘉慶十三年（1808）清廷使臣出使琉球國事，應當就來自於某位使團隨行人員的原始記録。

二、記金石碑帖、書畫、器物。錢泳深於碑帖鑒賞，書名爲一時所重，又精於摹刻，故而此類内容記載頗詳。書中所記的一些文物，現在還存世，如裴岑紀功碑、朱熹注經草稿、《清明上河圖》等，藉此書記載可補正這些文物發現、遞藏的歷史。如其中提到仇英《募驢圖》曾藏歙縣吴子華家。按：子華字文桂，似是餘清齋吴國廷後人。《募驢圖》今傳，但因畫上並無吴子華跋文或印章，研究者也就無從得知這段收藏史。書中記載的有些文物，原物已經不知下落，僅靠書中記載纔可窺見其情況。如宋代游似舊藏的《蘭亭序》百本，今日游氏舊藏拓本只存二十本左右，而此書中所記陸恭松下清齋所藏十種，並開列其目，可作爲研究《蘭亭序》版本與收藏史的珍貴資料。再如書中所記元代朱碧山所作銀槎杯，款識與現在所知的六件均不合，當是第七件，此條記載對於考察元代工藝美術家朱碧山的作品與遞藏具有一定價值。

三、記異事與異聞。這部分内容的寫作大抵都帶有勸人行善的目的。錢泳在此書中提到《閱微草堂筆記》，認爲其雖然『所談者皆仙狐，借爲莊生寓言，以作灌夫罵座，以此勸懲，以此醒世……實有功于學問文章』。《登樓雜記》的這部分内容，實與《閱微草堂筆記》頗爲相似，或勸誡，或諷刺，文筆生動，具有較强的藝術性和思想性。

四、記作者見聞之人。書中所記，或爲錢泳親交，或爲錢泳聞其事而爲之立傳。其中既有著名的學者，如戴震、東吴三惠、張澍等人，也有一些聲名不著但各有性情的地方人物，如貧而好學的補履翁，守城保民的會寧令李堡。其中不少内容可補史傳之缺，如全書最末所記女性詩人，這些女詩人的集子大半不傳，生平也無從稽考，賴錢泳所記，我們尚可窺知其人其詩之一鱗半爪。

五、作者的雜記、雜考。這些大抵是作者的隨手所記，内容豐富，有與作者遊歷有關的，有與對聯、詩文創作掌故有關的，還有一些與當時的風俗、制度有關。如《遊蘭亭》一篇記乾隆五十八年（1793）蘭亭之會，《納糧》一條載吴中税法之弊，《御》《衙門》等條對詞語的來源和意義做了考證。這些雜記、雜考内容豐富，頗爲有趣。

六、作者的詩文。書中還收録了錢泳的一些詩文，如《石室十六詠》《擬古》《清故詩僧鐵舟塔銘》等。其中《清故詩僧鐵舟塔銘》可以證明今人對鐵舟生平考證的一些錯誤。作爲筆記，《登樓雜記》的内容豐富，涉及面廣，以上六個方面僅爲概括，自不能完全涵蓋其内容。作爲筆記，《登樓雜記》的内容具有較大的價值，應得到充分發掘。

此書前有錢泳自序云：『道光戊子、壬辰之間，余年已七十，猶客延州張芥航□□南河節院……嘗與幕中賓從譚論古今，視余前所刻《履園叢話》中未及者又得若干卷，聊記所見聞，非敢云著述也。』按錢泳自序所説，此書作於道光八年（1828）至道光十二（1832）年間，其時錢泳正在河東河道總督張井的幕中。但覈檢書中所記，頗有晚於道光十二年之事，如『鯽魚鬥』條中紀年爲道光癸巳（即道光十三年），《題黄石齋先生手書洞霄宫記遊卷後》《題杭州洞霄宫提舉題名記後》兩篇跋文作於道光十四年（1834）。且此书自序中提到『前所刻《履園叢話》』，但《履園叢話》是道光十八年（1838）七月刻成的（《履園叢話》自序）。頗疑此書之撰作完成時間晚於自序中所説的道光十二年。蓋此書大部分内容撰於錢泳在張井幕中的四年，之後又陸續有所增補。至於書前的序，則可能晚於道光十八年，即《履園叢話》刻成之後。

《登樓筆記》一書，僅存此部清稿本。此本書寫工整，小楷精絶，當是錢泳所鈔。書中有鄭世芬跋，云此書『尚未排比分卷』，恐非確論。書中除了朱筆點定、修訂詞句外，個別頁面版心書『舊聞』『雜記』等字，頁面頗有割補痕迹，當是編次成書時調整順序所致。又此本空格頗爲嚴謹，格式統一，當是預備刊刻之清稿本。今觀其目，排比頗有與《履園叢話》相似者，如記唐宋元之古墓之條目前後相連，而《履園叢話》有《陵墓》一門；考據詞意者前後相連，而《履園叢話》有《考索》一門。唯其詮次不如《叢話》清晰精嚴，蓋書成時錢泳年已在八十上下，又此書條目少於《叢話》，故編次未能眉目清楚。

另外，此部《登樓雜記》與錢泳另一部有名的作品《記事珠》頗有關係。《記事珠》爲錢泳稿本，因其中有關於《浮生六記》作者沈復的記載，並被一部分學者認爲其中保存了沈復《浮生六記》中已經散佚的《海國記》，故而享有大名。值得注意的是，《記事珠》中《琉球國記略》與《琉求國演戲》兩篇的内容，亦見於《登樓雜記》中《琉球》條，文字僅略有出入。這可説明，《記事珠》的部分内容應是《登樓雜記》的草稿，《記事珠》是《登樓雜記》文本的來源之一。以《登樓雜記》校《記事珠》，除微有詳略外，《登樓雜記》還可訂正《記事珠》的一些文字訛誤，如《記事珠》中的『紫巾大夫』，皆應依《登樓雜記》作『紫金大夫』爲是。

《登樓雜記》見於共讀樓鈔本《梅溪先生年譜》，著録爲十二卷，未刻。《（同治）蘇州府志》卷一三九《藝文四》亦著録爲十二卷，蓋鈔自《梅溪先生年譜》。今考其書，實不分卷。

此部《登樓雜記》中除了錢泳『梅叟』『梅花亭長』諸印外，序言頁還鈐有『毓芷軒藏書記』『卧盧主人毛藏』『楚侯鑒定』等印。書中有鄭世芬己丑年（1949）跋，云從何楚侯處借得此書，閲讀一過。鄭世芬（1893—1976），名誦先，四川人，民國間書法家，一九五六年曾與張伯駒一起創辦中國書法研究社。何楚侯即何寶善，淮安人，民國間曾任淮安私立集一圖書館館長，精於書畫碑帖收藏，晚年寓居北京，開設書畫商店『真賞齋』。

《登樓雜記》，原書本無目録。因本書條目衆多、内容紛雜，爲方便讀者使用，今根據原書内容編製了細目。書中有的條目原缺條目名，以『無題』代擬。

張鴻鳴

登樓雜記

道光戊子壬辰之間余客南河節院者先後凡五年不種淵明之秫又登王粲之樓多見其不知量矣嘗與幕中賓從譚論古今視余前所刻履園叢話中未及者又得若干卷聊記所見聞非敢云著述也故名之曰登樓雜記云棣華谿上老人書

滿洲

國朝發蹟東陲誕膺　天眷　太祖高皇帝以神武懾服羣雄　太宗文皇帝以寬仁柔遠萬國在有明萬歷末年來賓來王擁衆部居廬帳相望者已不啻數十計及世祖章皇帝定鼎燕京版圖益廓莫不畏威戴德稽首向順大則刑牲約誓小則納欵貢珍皆不煩鞭箠遣使而至　闕下又有　聖祖　世宗　高宗　仁宗四代之深仁厚德歲加宴會廣示推恩親親之誼柔遠之仁二百七十餘年來有如一日今　上皇帝纘統　鴻謨丕化洽中外稽古同天邇者回部既平聲教四訖上告于　宗廟社稷

下頒于百寮文武而皆以德服不以威取亘古以來所未有也今略紀諸藩部落名目間據以見聞所及共為一卷俾學者省覽焉

滿洲諸部落

本朝所屬諸部有虎什喀里等八姓一曰薩哈連部落二曰卦爾察部落三曰薩哈爾察部落四曰索倫部落五曰東方格克里部落六曰東方巴牙喇部落七曰東果瓦爾喀部落八曰虎爾哈部落此八姓皆天命間歸附者俱滿洲屬部

科爾沁國

此國自天命以來與　本朝世為婚姻其最著者為土謝圖

親王卓禮克圖親王順治八年八月冊封卓禮克圖親王吳克善女為皇后十年四月冊贈　皇太后父寨桑為和碩忠親王母為賢妃五月冊封鎮國公綽爾濟女為皇后十六年五月冊封　皇太后親兄滿珠習禮為和碩達爾漢巴圖魯親王土謝圖卓里克圖俱王號也又有郭爾羅斯部落鄂爾多斯部落杜爾伯特部落扎賴忒部落吳喇忒部落烏珠穆秦部落此七姓亦天命間歸附

察哈爾國

此國即元之後所謂察罕也天聰間歸附其王曰阿布鼐曾尚主為和碩額駙後得罪禁錮盛京命其子布爾尼嗣爵康

熙十四年布爾尼謀反舉兵入犯　命大將軍副將軍率兵討之布爾尼遁走為科爾沁國所執獻于京師　上念為公主所生　詔免懸首又有土默特部落者為察哈爾屬部明時曾封為順寧王順治八年以法古穆隨其父舉國来歸屢立戰功授鎮國公在張家口外又有歸化城別為一部又有扎爾忒部落翁牛忒部落阿蘇忒部落此三者皆為土默特所屬又有喀爾喀部落在中華之極北其族有五部歲時貢獻不絕於道惟其人傑驁不時闌入邉境掠我巴林屢次降　諭嚴飭令贖罪通好順治十年命安郡王同岳樂為宣威將軍駐防庫墨城亦以禦喀爾喀也十二年七月命安郡

王同喀爾喀使臣於宗人府約示修睦十七年定例每歲入貢一次白馬八匹白駝一隻管固山汗貝勒及為首台吉大臣喇嘛等許入京師餘皆停止又有奈曼部落按元史太祖與奈曼凡數十戰是也又有敖漢部落又有克西克騰部落又有四子部落順治三年追剿蘇尼忒有功其地與土默特喀喇沁相接在張家口外又有蘇爾尼部落又有喀喇徹里克部落此奈曼所屬又有喀喇沁部落又有伊蘇忒部落為喀喇沁屬部又有阿霸垓部落曾尚固倫公主又有蒿齊特部落順治七年有台吉噶爾撒望楚虎爾率所部千餘人來歸者也又有哈達部落又有兀喇部落又有輝發部落又有

使鹿部落又有使犬部落兩部落俱在極東又有兀魯得部落其主為顧實汗崇奉達賴喇嘛順治九年九月　詔遣承澤親王貴書迎達賴喇嘛来都十二年達賴至十年歸國　詔封顧實汗為遵行文義敏慧西天大善自在佛掌天下佛教與達賴喇嘛俱賜冊印又有湯古忒部落即所謂小西天者是也其俗遵奉喇嘛有四種以帽為別達賴戴黃帽大寶法王戴紅帽二寶法王戴花帽三寶法王戴黑帽後不遵達賴之教因逐大寶二寶三寶於是諸法王奔雲南来歸于朝令大寶法王復從達賴之教二寶法王仍在雲南又見厄内忒黑部落此謂大西天又有圖白忒部落此三部落俱厄

魯得所屬也以上俱天聰間所附又有蘇尼忒部落者其主曰騰機思順治三年騰機思叛　命和碩豫親王多鐸爲揚威大將軍同豕澤郡王碩塞等征之斬首千級俘獲八百餘人騰機思兄弟俱就擒八月班師出師未及三月凡畧地四千餘里此一國與朝鮮國俱崇德間歸附者也

赤斤蒙古

此國在周爲西戎戰國時爲月支西漢武帝時取爲酒泉燉煌兩郡晉屬高昌郡唐屬瓜州後没于吐番宋入西夏元仍屬瓜州明永樂間設衛及土魯番臨哈密侵掠其地部人散走塞下衛遂虚　國朝順治四年赤斤都督永柱與畏兀都

督帖木耳卜喇等請撫臣張尚言入貢於明不知中國定
鼎之事遂寄居肅州願効忠納貢尚言以 聞自後未聞有
貢獻者又有費牙喀部落順治十六年始來貢自是定例有
貢物有 旨祗送寧古塔命官宴賚而遣之不必來京又有
傅爾都嘉利雅等處其國王曰阿豐肅係西國極遠之地康
熙九年遣彼國大臣嗎訥撒爾達聶具本貢獻方物本內稱
巍巍至能大清國皇帝

寧古塔

寧古塔在奉天府東北一千三百五十里在周為肅慎國漢晉為挹婁國南北朝為勿吉地唐置黑水府金為呼黑改路元置合蘭府　國朝康熙元年設將軍其地七月有霜八月雪地即凍至來年三月方釋所產惟鈴鐺麥大麥撇蘭松榛酸棗梨遮梨刺菇之屬

黑龍江

黑龍江在墨尔根東北　國朝康熙二十三年俄羅斯平於黑龍江築城設將軍鎮守三十八年移駐齊齊哈尔

鄂爾坤河

其地向設立臺站自殺虎口至哈拉烏蘇計四十七臺乾隆元年撤減改由張家口柢杭靄山下鄂爾坤河計二十九臺自十五臺至二十一臺為郭卑即瀚海也臺中管驛站者為查尔

朝鮮

朝鮮國在中華之東北　本朝天命中已通貢獻明毛文龍入國時竊據海島招納亡命至天聰元年正月丙午即明之天啓七年也命大貝勒阿敏等往征之壬午克義州殺其府尹李莞是夜分兵取鐵山鐵山毛文龍所居地也文龍聞師至遁入海島癸未克定州執牧使金搢乙酉克郭山之漢山城執郡守樸由健等丙戌渡嘉山江丁亥克安州殺郡守張墩副使金尚毅縣令宋圖南癸巳趨平壤爲朝鮮王舊居其巡撫總兵等官及軍民皆自潰棄城遁走是日渡大同江甲午師次中和朝鮮王遣使致書請退師議和不聽二月壬午

至黄州甲辰到平山朝鮮王李倧携妻子適江華島長子汪奔泉州其臣進昌君来謁致詞引罪是日遣副將劉興祚入海説倧令其遣子入質倧曰城下之盟春秋耻之遂遣其族弟原昌君并侍郎一員来平山城議和誓天地己酉班師至平壤夏四月辛亥師還五月遣原昌君歸國厚賚之并賜其王李倧書結為兄弟之好仍約兩國之民有越境私逃者察送毋隱是年秋撤兵

安南國

安南為古南交之地秦屬象郡漢初為南越所有武帝平南越置交趾九真日南三郡其國王姓黎與其臣莫氏為世仇莫氏嘗據高平負固不服招集逃亡侵略内地　本朝順治十六年粵西既下莫敬耀懼禍来歸貴繳印冊雲貴總督以聞奉　朝命授為安南都統使敬耀未敢受職旋卒其子元清嗣仍守高平十七年安南國王黎維禔来歸亦未受封而卒弟維禧立康熙三年　上遣翰林編修吳光禮部司務朱致遠　諭祭維禔五年又遣侍讀學士程芳禮禮部郎中張易賁冊封維禧六年秋維禧復尋舊郄以兵奪高平地

元清竄入雲南七年春督撫奏其事 廷議爭請出師討黎氏檀奪之罪 上不忍遽加兵旅 特遣内院侍讀李仙根兵部主事楊兆傑以一品服敕封 諭維禧令還高平故土維禧奉 詔還高平一府四州元清為都統使如故其國在富良江西後為三峯山左為安子山所屬十三道五十二府二百十九州縣亦南方一大都會也乾隆五十三年阮光平既滅黎氏黎氏告急于 朝時兩廣總督為孫公士毅遂出師為阮氏所拒不得已仍奏 聞立阮氏黎氏自此國除阮光平因遣其弟光顯來 朝貢獻余時在兩湖總督畢公幕中見兩貢使冠紫金冠著紅錦袍玉帶從官十人皆紗帽

袍笏侍于兩貢使之後而不敢坐也兩貢使者黧黑深目廣
顙高鼻見人輒退縮似不能言者蓋藩國之人皆如此

暹羅國

暹之與羅斛本二國也暹是漢赤眉遺種其國土瘠不宜耕種羅斛土田平曠而多稼暹人歲仰給之元貞元初暹人常遣使入貢至正間暹始降于羅斛而合為一國明洪武初暹羅已朝中國矣　本朝順治間始来貢獻其表文用真金葉鏨成其字皆鳥跡蟲書不能識也其貢使謂之握坤即華言使人也握坤冠金盔〻上皆鏨花形如牛角上尖下圓身着紫織錦袍束大帶甚濶若中華皂隸所用者其人貌黧黑大眼狀甚魁梧余以嘉慶三年十二月廿三日在京師　乾清門外見之從臣皆蓬髮不冠其狀殊惡通事者言其國有水

火両刑火刑令罪人過火坑命僧持咒于旁理直者輙得渡肢體無恙否則以鐵叉納置坑中水刑令罪人沒深水中以罪輕重為久暫亦令僧咒于其上理直者亦得不死語頗近誕康熙七年来貢孔雀象龜各一象高六尺六寸龜重三十斤力能負人復有帳幔一具上繪男女交媾狀 詔却之十二年復来貢請 封典 上以該國来中華風濤險阻令察例以勅給其使賫還禮部議以照前明封古里例付勅貢使宴賚而遣之其國王名森烈拍臘按 大清會典載貢物六十件自康熙七年来貢止三十九件疏言國小而貧貨物多產于別國難與會典相符耳下部議令其將来補貢云

俄羅斯國

俄羅斯在中華之極北其地最遠順治十二年十三年兩有使至俱以不知拜跪禮遣還十七年復遣使入貢彼國向来不知中國正朔有表文自稱一千一百六十三年朝議仍逐其使　上寛貸之　命禮部諭以不遜之罪後其部衆每從邊外渡黑龍江来侵我老察地方老察與寧古塔相近中華所用貂皮等物多取給于此因其来寇胥欲加兵不果康熙八年秋復来寇邊　廷議乘江凍時彼不能返可襲擊之又議以路遠勞民仍復中止九年四月俄羅斯忽遣使奉表投誠其文字畫不可識字體自下而上有類道家符篆者因

召其来使譯文以進十五年来貢黑狐紫貂皮哆囉呢玻璃鏡魚牙等物魚牙大於象牙亦奇物也其國人面白微紅高準狀類西洋人頭戴紅氈帽油靴有髮有髭無異中土康熙二十七年歲在戊辰五月　上遣内大臣索額圖佟國偉馬喇兵部督捕理事官張鵬翮兵科給事中陳世安等出關往俄羅斯　上以遠使絕域宜加擁衛命選精騎萬餘人從之而私從僕馬復逾萬計隊伍嚴肅列幟井然霞旆霓旌飛揚天際連亘二十餘里京師内外聚觀凡四閱月封其國而回

回回國

回回國向為哈密屬部語言嗜好相同其國出嘉峪關行七百里至陽關又千里至玉門關由嘉峪至哈密約二十餘日可到故明永樂初置七衛在嘉峪關西今哈密又在六衛之西也東至肅州西至吐魯番俱約千五百里　本朝順治二年始入貢中華道光八年正月回疆張格尔就擒四月中旬過汴梁有畫其圖形者是方面大耳皙白有鬚頭戴白布帽身着藍布道袍皮鞋赤脚格尔性慈惠且能詩每日索地方官大錢三千以賞路旁乞兒索銀十兩以賞供給伺候之役謂解官曰我再不自殉有累諸公也至五月十一日獻俘十

三日正法京師

巴里坤

巴里坤出嘉峪關外五千里在哈密之西北準噶尔故地也雍正間以地爲南北緊要設立重兵防守地極寒五六月猶雪乾隆中復設宜禾縣治連城曰古城西即奇台廳今改縣其地野獸最多可以佐食

烏魯木齊

烏魯木齊爲準噶尔故地伊犁平額魯特種人勦滅殆盡千里空虛乃於紅小嘴之下建築城垣　高宗皇帝賜名鞏固城商賈雲集優伶歌童技巧之人無一不備富庶甲于關外乾隆十四年改設廸化州並阜康昌吉二縣屬焉城其東

南即博克搭班三峯入雲氷雪瑩積民情和協比戶豐盈為西陲一大都會也

伊犁

伊犁亦為準噶尓巢穴乾隆十九年阿陸尓薩納與準噶尓汗達瓦齊不和款關內附　上命將征討擒達瓦齊有其地廿九年於伊犁川建城賜名惠遠城設將軍建牙於此亦西陲之大都會也其土產有狼獺雉兎及蘋果桃杏之屬按西域本有三十六國凡大國九小國二十七見荀悅漢紀後分為五十四國皆在匈奴之西

土魯番

吐魯番、在中華之西北、晉屬高昌郡、唐為交河縣、在火州西百里、元成吉思汗次子察哈台受封此地、明永樂初封番僧為國師、後復授其長為都督指揮使等官、朝貢不絕、成化初、土魯番阿立、始强大、刼畧哈密、遂據其城、並擾害赤斤蒙古、諸衛、侵掠甘肅、嘉靖初招撫之、復歸哈密、其地去哈密一千五百里、中經黑風川、水草俱乏、難以遠據、而在前明時阿立以後、皆挾哈密以徼利、至隆慶以後、不朝貢者八十餘年、

本朝順治三年、始来貢方物、十三年、復来貢、自此定例、五年一貢、西馬四匹、蒙古馬十匹、以其國中有亂、至康熙十二年、

其國王遣使再貢表稱一千八十三年聞之河西人云土魯番添巴于西海彝西海彝添巴于回回國其言添巴者猶華言進貢也

天方國

天方國又在哈密之西北與回回相近而不屬于回部其語言相類而性情各别　本朝順治二年来朝中國貢物有玉石等物

水西

水西者，即古羅甸鬼國，在殷高宗時，爲鬼方地，傳襲歲久，至漢唐宋元以來，日益以蕃，遂雄長諸蠻，奄有數千里之地，與滇黔蜀三省接壤。其人皆猓蠻，强悍善鬭，歷代叛服無常。前明天啓間，蠻長安彦邦構亂，用兵二十年，卒未能克。本朝順治十五年，王師既下貴州，水西宣慰使安坤聾服。天威俛首輸貢，初實無叛志。有大定總兵劉之福者，誅求未遂心欲之，會其國有喪，之福遣人責問，猓猓大忿，遂殺來使。之福因白平西王吴三桂，言猓猓有反狀。三桂具疏請征。以康熙元年秋進兵，會貴州十二寨苗夷同反，圍普安州之安籠守禦所、於是我師先抵安籠、冬月、安籠平、二年春、入水西、其主安坤年少、國公車嚐喇專政、坤欲引罪出降、車嚐喇不聽、遂偕坤走宜那嚐、我師深入蔎林深箐中、綿亘數百里、仰不見日月、所積僅一月糧、軍士食且盡、三桂大悔、然勢不能復出、乃令士卒分道擒生猓猓、不畏刀踞、用炮烙刑、逼取其、糧糗、又不繼、則掘地大索、隨所獲以支軍食、如此相持者一年、始擒斬車嚐喇于邁永底、安坤走烏蒙、烏蒙、坤妻家所居地也、三桂由烏撒率軍追擊之、至烏蒙、索坤不得、坤復走水西、行至深箐中、與援劉總兵官馬寧兵遇、遂就擒、其妻多智善變、聞坤擒、復走匿烏蒙、捷聞、磔安坤于軍、其族姓凡四十八

支兵四十八萬俱分别收撫水西平乃以其地改平遠大定黔西三府州縣又設威寧一府俱領以流官知府通判經歷各一員隸貴州布政使

奉正朔

本朝幅員之廣大臣服之衆多亘古以來所未有奉正朔者則有如雅克薩黑龍江三姓伯都訥吉林朝鮮琉球安南以至各蒙古回部之伊犂巴里坤庫尔喀鄂爾坤汗山烏蘭烏魯木齊吐魯番哈密敖漢喀尔喀阿克蘇庫車霍罕烏什歸化城土默特葉尔羌和闐三珠等處之一百二十二國又大小金川各土司之三雜谷綽斯甲布瓦寺巴旺木坪等處之十三國真所謂百蠻賓服四夷来王者也

琉球

按琉球國古史不載漢魏以来不通中國相傳在海島中當建安郡東水行五日而至在外國為最小而險其國有大琉球小琉球隋大業中令羽騎尉朱寬訪求異俗始至其國掠一人以返後遣武賁中郎將陳稜率兵至其都掠男女五千人而還唐宋時未嘗朝貢元世祖至元廿八年沿海副萬户楊詳使往諭不從成宗元貞三年福建省平章政事高興遣都鎮府張浩等赴琉球禽生口而還其國王初姓歡斯氏名渴剌兜至元末國分為三有三王曰中山曰山南曰山北皆以尚為姓明洪武初中山王遣子姪及其陪臣子弟偕来請

肄業國學帝優賚之閔其往來之險風波不測特免之朝而賜閩人三十六姓善操舟者教其習中國語言文字令往來朝貢自此三王受封皆請於朝未幾山南山北為中山所并獨有其國　本朝順治六年中山王遣使奉表納欵八年九月始勅諭琉球十年六月中山王世子尚質來　朝十一年王世子尚質又遣使進貢方物奉　詔冊封尚質為中山王賜鍍金銀印令二年一貢康熙二十年中山王世子尚貞奏請襲封二十一年遣官冊封并　御書中山世土四字賜之五十七年其世曾孫尚敬奏稱自四十八年王尚貞薨世子尚純又早世〻孫尚益權署國事未及請封亦薨今遣耳目

官正議大夫等奉表恭進方物并請襲封王爵奉　旨琉球國世守臣節忠誠可嘉准該國王世曾孫尚敬所請　勑賜永襲琉球國中山王雍正二年琉球國進貢又　御書輯瑞球陽四字賜之至　今天子脩貢不絕其風土氣候與嶺南相類民多去鬚髭首好剽掠火耕水耨無賦斂有事則均税用刑亦無常準皆臨事科決言語與中國不通衣冠制度仿佛周禮民呼其王曰屋書加奴志王冠皮弁垂衣裳佩金珮用人無科舉世官世祿亦舉賢良方正由秀才至法司其法甚嚴不徇私情即職官之父兄子弟不少寬貸道不拾遺夜不閉戶其貴戚子弟俱名秀才擇其美者習歌舞供奉王

廷名曰若秀王之宗族戴紅錦巾按司紫錦巾法司及紫金大夫紫綾巾三品以下黃綾巾七品至秀才紅綾巾庶人以青絹帕首而已設官分職表陳章奏著作篇什有華風焉丹徒王夢樓太守未遇時曾隨天使全公魁親至其國為余備述甚詳

嘉慶十三年有　旨冊封琉球國王正使為齊太史鯤副使為費侍御錫章吳門有沈三白者為太史司筆硯亦同行二月十八日出京至閏五月二日始從福建省城啓行登舟船形如梭用鐵栗木凡三層濶二丈二尺長十八丈高二丈三尺大桅高十八丈裹以鐵葉船尾設戰臺鋪以石列砲位船

身飾以黄色上列旗幟甚多次日兩冊使奉 節詔護送者為福州左營副將吴公安邦也帶兵弁二百二十名分撥兩舟各帶炮位冊使與從舟共一舟名曰頭船上下柁工兵役共計四百五十餘人各有腰牌為照每日乘潮行一二十里至十一日始出五虎門向東一望蒼茫無際海水作葱緑色漸遠漸藍十一日過淡水十三日辰刻見釣魚臺形如筆架遥祭黑水溝遂叩禱于天后忽見白燕大如鷗繞檣而飛是日即轉風十四日早隐〻見姑米山入琉球界矣十五日午刻遥見遠山一帶如虬形古名流虬以形似也相距約三四十里舟中升炮三聲俄見小艇如蟻約數百號随風逐浪

而来先有一船投帖送禮有旗〻上書接封二字其頭接官爲紫巾大夫所引小艇皆獨木爲之長不盈丈寬二尺許兩艇并一如比目魚人施短棹分兩行挽引大船繂索如蝦鬚然有紅帽者執旗鳴鑼爲領隊押幇之秀才官也未幾又有鳴鑼而来者爲二接之法司官投銜帖請安三接官爲國舅率通事官登舟參謁冊使命辭免至其口曰那霸港南山屏列北築石隄如長虹以禦潮汐隄首有小山如伏虎設炮臺于上封舟將到即聞大炮三響旋聞金鼓銅角之聲萬人齊列及進口始見樂人排班分左右行前列紅邊黃旗二面大書金鼓二字後列號筒二人喇叭二人鼓四人鑼四人但聞

音韻悠揚中雜以角々聲而已兩岸聚觀者以數萬計男女莫辨封舟身重不能抵岸乃橫小船架板作浮橋以達封舟岸上有屋三楹額曰却金亭國王迎候於此自稱琉球國世孫尚具亦用紅手版王冠烏紗帽兩翅彎曲向上衣元青龍袍金帶皂靴容貌清癯年僅二十二歲跪迎于亭中正使持節副使捧　詔又聽升炮三聲乃登岸奉　節詔于龍亭天使二人皆乘八座至中途有迎　恩亭國王設香案率其衆官行三跪九叩首接　詔禮々畢王前導至天使館正廳曰敕命堂迎　詔勅奉安正中天使立左右王率衆官行請聖安禮然後與天使行賓主禮就坐三獻茶即辭去天使

送庭下王揖讓亦乘八座回宮十六日迎天后進天后宮天使出館各廟拈香答拜國王回館于大堂升座護送武弁率水師兵披甲擺隊進叅示威遠也天使館制悉倣中華前列旗竿二旗上書冊封二字旁設吹鼓亭每日辰午酉三時奏樂三通排對中門而立金鑼畫角一如迎舟之樂奏畢各散去東西兩轅門外俱舖白沙瑩白如雪儀門內即敷命堂〻後有穿堂至第四進後堂〻之東有樓曰長風閣為正使起居之地其西則居副使登樓皆可遠眺其兩廡東西二十間隨從諸人居之館之周圍墻垣甚厚皆礪石〻多縐紋有小孔形如骷髏墻頂植草葉如萵苣不土而生秋冬長茂至七

月朔日將舉行追封 御祭禮儀從官四人一為捧詔官一為捧節官一為宣詔官一為捧帛官先一日通事官呈儀制備轎馬請從官至先王廟演禮轎如鶴籠編篾為之外施黑漆内糊白紙頂有大環一木為杠離地僅五寸許人由左入盤膝而坐亦設椅墊痰盂烟具于其中馬如小駒剪騣如驢性甚劣一馬須一人挽之鞍韉踏蹬與中國稍異起步細碎如小川馬已刻出東轅門過聖廟東南行三里許至安里橋皆平坦過橋數武即所謂先王廟者山形環抱廟居其中蔭木森森其葉如柿而色深綠曰波羅蜜樹東西有硃漆坊中為三圈門平其頂而無匾額拾級而上有堂三楹設天使與

國王坐位于中再入後堂即為先王殿〻五楹兩廡十餘間殿中神主前設三 御案中為奉 節案左為奉 詔案右為奉帛案殿西簷下設開讀臺東南向至次日辰刻天使出館詣各廟拈香返三法司及衆夷官備龍亭綵亭金鼓儀仗集館門外候啓門奏樂參謁畢迎龍亭綵亭入正使捧 節副使捧 詔皆朝服從官亦五品蟒服趋向天使恭接 節詔幣帛各安亭中左右立堦下樂作引禮官唱排班衆夷官皆跪行九叩禮升炮夷官前導排全副儀仗皆中國兵丁為之著號衣騎馬者約百餘對其後則鹵簿綵亭先行龍亭在後從官佐使皆張紅蓋乘馬随于龍亭之後兩天使皆八座

道旁男女聚觀者循高就下疊砌如鱗而聲息寂然但聞馬蹄蹀躞而已至安里橋國王紫袍紗帽率衆官迎伏道左暫駐 龍亭王與衆官平身兩使降輿趋前分立龍亭左右引禮官唱排班國王及衆官行三跪九叩接詔禮〻畢國王衆官步行前導至廟門由東圈門進立堂下天使出轎從官亦下馬扶龍亭由中門入至庭中捧 節官授 節與正使捧詔官授 詔與副使隨行至先王殿各奉 節詔于所設之 御座上退立東墀西向宣 詔官立開讀臺下東向兩廡奏樂引禮官引國王由東堦詣香案前北向司香者跪進香于國王王亦跪三上香訖復引至墀下王與衆官各就拜

位行三跪九叩拜　詔禮〻畢樂止退立東廡世子神位前西向又起樂天使捧　節詔正中立捧　詔官由東墀趋接詔書即由中門高舉下堦黃織盖之上開讀臺宣　詔官隨至臺中香案下樂止引禮唱跪國王及衆官皆北向跪俯伏于世子神位下引禮官唱開讀宣　詔官就香案正中朗聲宣　詔宣畢仍捧　詔下臺張黃盖由中門入授副使仍安　御座引禮官引國王衆官各就拜位再行三跪九叩謝封禮引禮官唱退班國王入廟請天使暫憩更衣獻茶追封禮畢國王易皂袍角帶出至先王神位前天使復分立　御案如前儀法司官請　詔書祭文供奉廟中天使乃請先王

神位前行一跪三叩禮國王及衆官俱俯伏位側禮畢引禮
官唱退班國王捧先王神主由東堦入殿供奉畢向天使行
謝封禮一跪三叩天使答拜　御祭禮畢國王又易服天使
亦更衣俱至前堂行相見安坐禮天使居中南向國王居西
東北向不設樂茶酒皆親獻天使辭謝紫金大夫代獻天使
酬獻國王亦起辭謝各就宴從官則宴于西廡酒饌皆秀才
官跪而獻之法司官旁席為陪宴宴既畢國王前導仍至
御案前正使奉　節授捧節官安置龍亭內天使行至堦下
與王揖別從官亦與法司官揖別出廟門國王衆官已先行
至安里橋下候　龍亭至俱跪送天使降輿揖回館是晚國

王遣官叩謝其明日天使亦遣巡捕官入王府荅謝至七月二十六日始行冊封大典前一日從官先往王府演禮由先王祠内東度二小嶺行于山脊路尚平坦民居嶺下田園繡錯竹樹陰森行三四里始見高牌坊一座上大書中山二字過此百步又一牌坊大書守禮二字路之中心築方石臺上植鐵樹一叢以為来龍随見萬木排空墻垣密布最高處宮殿巍峩已至中山王府矣府門西向上有敵樓進門折南漸高數級有門北向旁有一泉鑿龍首嵌石中泉從龍吻噴激而出此中山之瑞脉也名曰瑞泉上有門即名瑞泉門〻上有滴漏臺再折向東進第三門平坦廣濶並列三門南向勢

甚雄壯進門即為王殿有一甬道甚寬廣鋪紫色大方石又進而為正殿五間臺堦寬丈餘約高五尺許以白石欄圍之分坡級為三道而正中坡級兩旁豎盤龍石柱一對殿中無寶座而有一臺高僅尺許曰臨政臺圍以朱漆闌亦鋪脚踏綿與庶民居室相等後設金圍屏一座其上即　御書樓凡
中國大皇帝歷次所賜匾額盡懸于上兩旁便殿廊房東西各三統間為天使宴飲之所亦將歷来冊使所送之額懸掛兩旁啓其後牕可以觀海彩梁朱柱古樸而華臺堦之中另起　御案三座東首西向設開讀臺高丈餘甬道之中設
國王拜位以草席為之四周鑲紅邊而已至次日天使隨文

武官及從者至府一如追封前儀王九叩禮畢宴天使于西便殿從官賓客則宴于東便殿獻茶進酒亦如前儀惟觀者之多更盛于前盖添有該國文武官眷屬設蓬幕于路側又有扶老攜幼者合數萬人真大觀也其明日王又易冠服如漢黃門官式樣坐龍輦中設朱漆描金座用四槓前後十六人其輦高與簷齊儀仗則用大方旗四對為前導繼則長桿刀六對長桿槍六對又有如月斧者畫戟者如狼牙棡者十餘對皆柄長丈餘又有三簷紅繖一頂金鼓樂人二起閭其中近輦則有執長桿大鷄毛帚四對大翎毛扇一對月扇一對大兜扇一把提爐二對扶輦者皆紫金大夫與都通事官

步行隨之又有童子裝束如紅衣人者各執拂塵團扇之屬
十餘輩扶輦而行王至使館拜謝亦如前儀途中各設段落
點綴或編短籬而列盆花或疊假山而栽松柏像生鹿鶴紙
紮羣葩目不暇給舊例國王逢五日遣官請安十日王親謁
天使辭謝再三乃逢十遣國相參謁其儀制天使設公座于
堂國相三法司行禮天使出位旁立拱手紫金大夫則正立
餘皆端坐聽其叩首而退從官與之相見各長揖而已
琉球境内皆山而無高峯亦無城郭其國約寬數百里中分
三府國王所居曰首里府亦名守禮府掌國大臣多居此次
曰久米府自明時遷中華人至彼教以文學世居于此猶中

國之翰林院也三曰那霸府皆商賈所居國中仕宦者皆世官世祿雖從唐制以詩取士應考其寔皆縉紳子弟也其所用錢與日本同亦曰寛永彼國之銀一兩可換錢一千六百文刑罰無斬絞枷號有犯則送三法司究治輕則杖之若罪重給一獨木船驅入大海聽其所往謂之充軍再重則剝其腹而投之海其民皆食蕃薯一歲三熟每担價不過百文亦種粟麥米豆士人食不當飽備作宴客之需而已人多布衣不尚蠶桑所屬有三十六島或遠或近均隔重洋羽毛之族頗同中國惟鱗介大半皆海物有大蝦如升斗蠏如草笠魚則或藍或紅莫可名狀其味甚鯹亦莫别其美惡也有燒酒

有甜酒又有白酒如漿係國中女子嚼米釀成其味甜微有酒氣耳通國之人軀幹無長大者民安物阜從不聞有盜賊之事市中無店舖亦無茶坊酒肆其舍宇四面卸水者居多不甚寬廣亦無有通三間者周繚以板室内皆舖地板高地二尺許地板上用席墊布鑲而舖之名曰脚踏綿男女皆席地而坐門窻上俱鑿雙槽重疊推棧以為啓閉故柱多方其木質若黄楊磨極光細庭前亦有假山多嵌空玲瓏平地舖以白沙花光樹色暎帶清幽或編竹為籬屋藏于内綠蔭欝然行人稀少終日寂静既不聞有口角爭鬬之事而間有弦歌之聲使館之西有女集場一切器皿食物布疋舊衣新屐

皆婦人首戴而來坐地而賣其婦通稱曰愛姨每男以肩挑
婦以首戴無論米粮油酒包裹箱籠雖重百觔皆頂頭上從
無有傾覆隕墜之虞其俗有醫師而無筮卜星相之人有僧
無道亦無優尼有寺曰樂善在使館之後竹籬矮屋不施丹
漆曲廊環繞綠陰蔽天庭間鑿以小池金魚游泳鐘磬無聲
頗有幽趣定海寺在那霸長虹堤之中北臨大海一望無際
有聖廟在館東半里許規模如中國而殿庭矮小派秀才輪
守之其冠服之制男子年十六歲乃剃頭髮中心留其四鬢
挽一髻插梅花簪三寸許王及國相法司官用全金者紫金
大夫金頭銀脚餘官皆用銀簪庶民則用銅簪冠式長圓平

頂如僧尼帽而前後有折襞文衣如道袍長領袖寬一尺四五寸色亦尚紅青便服則各隨其色束大帶約寬四寸許國以至庶民皆著草履名曰撒霸式如中國之草鞋底中起梁立一樞連之高半寸著則以脚背套其梁大脚指夾其樞以故左右襪頭俱開一叉不能更易襪甚短及踝而止以帶束之男女皆然女子不裹足不剃面不穿耳髮無把用油蠟塗挽于頂心形如牡丹即所謂牡丹頭也其光似漆簪長七寸粗如小指作八角楞簪之頭如調羹向前倒插金銀亦隨品而別視其夫之品級民婦則用角簪或玳瑁衣如男子而長及地不帶不扣以裹衣襟納入褲腰右手拽外襟而行未嫁

者則束汗巾于外以别之袖有寬至二尺餘者婦人年過三十手背刺紋作黑點年愈大紋愈多至老年則全黑此不可解也其與人交際客至則脱撒覇于門外入室坐地主人出各鞠躬點首以為禮小童挈茶壺如桃者斟茶半杯主人舉以敬客〻受之高舉齊額而後飲以此為敬他物亦然亦吃烟每人前各置一具筒一爐一吐壺一總謂之打巴古棚盖烟謂打巴古盤謂棚也烟管長僅尺許烟甚辣相對坐後或清談或敲棊倦則倒身而卧每宴會極省儉肴不過四色用黑漆盤分格盛之酒僅一小盃托以朱漆小盤傳遞而飲酒酣則坐卧歌呼以為樂飯曰屋滿粥曰渥該吃曰三小里魚

曰游肉曰[illegible]鴨曰鴨飛拉蛋曰科甲猫曰抹牙油曰暗浚米曰科去曰一逈令日曰初明日曰阿爵遊玩曰阿嬉脾拿来曰莫給科好曰秋喇沙不肯不要不好統曰沒巴歇不懂曰悉各朗一曰柢几二曰打几三曰米几四曰又几五曰一几几六曰縈几七曰搽〻几八曰牙几九曰谷〻奴几十曰拖几惟茶曰茶衣架曰衣架衣曰衾索麵曰索麪而麵又曰木吉利果此三物大約起自中國故仍舊名其花卉種類甚繁不能殫述其他名物稱謂類皆有音無字者也

琉球國亦唱戲天使至則于便殿前搭戲臺一座高與堦齊方廣三丈許後場有大松樹一枝〻飛簷外有緣無燈歌舞

者非伶人皆國中搢紳子弟為之年皆十六七無有老年者其開場無鑼鼓但聞場後連打竹板聲即見一老人戴荷葉巾披深黃色大襟衣有似鶴氅束藍帶手執藤杖白鬚飄然率男子八人頭梳高髻身披白花紅地衫腰束皂色帶各執花枝繞場而舞如堆花狀又有童子搖鼓穿繞其間歌聲從後場而出不吹笙笛用弦索和之場上啓做閔目說白而已此為彼國天孫氏開闢琉球歌舞太平故事名曰三祝舞又聞竹板響扮出四童女髻插金鳳花額束紫綃帕披大紅衫其長曳地外罩板金鑲元青紗背搭各持摺扇二柄魚貫而出歌舞而退此謂扇舞下開傳奇一段名曰天緣奇遇兜女

承慶先有一生著青衣皂袍扮一樵人名曰銘莂子繼有一
旦甚美頭梳高髻後髮披肩外披白紬五彩印花曳地長襖
內襯銀紅衫子肩上蟠大紅風帶一條扮一天女從松樹上
下臺心即將風帶解下掛于樹上似作沐浴之狀銘莂子竊
帶藏之天女失帶惶懅不能飛昇與銘莂子問答良久隨為
夫婦生一女名真鶴年九歲又一男名思龜年五歲皆七八
歲小童扮之唇紅齒白粧束逼肖是時騙兒女眠于榻上忽
然尋出風帶徐徐登松樹上將昇天矣下顧兒女作悲泣狀
兒女驚醒追呼樹下天女已至松頂忽有白雲從上而下以
迷去路其雲皆棉花結成銘莂子亦追尋樹下與兒女對松

樹大哭忽出一大夫問銘苅子因奏知國王召其父子賜以爵祿并收其女入宮撫養此其開國時之故事其場後之松樹專為此設也此樹甚高已百年物矣又聞竹板再響四小旦扮四女裝如天女而無風帶頭頂五彩笠子慢聲弦歌而上舞有頃各除笠上下盤旋而進謂之笠舞又開傳奇一段曰君爾忘身救難雪仇一淨脚兩顴染脂童顏鶴髮戴黃緞金鑲風兜身衣古銅色緞衫外罩天青金雲龍背心腰插寶刀手執兜扇自稱按司名八重瀨按司者似乎彼國之諸侯也路遇玉村按司夫人貌美殺玉村而奪其妻妻不從殉節死其子逃匿平安大主家八重瀨欲摟緝除害玉村有家人

之子名亀壽者别其母投平安大主家見小主願身假做小主出獻以代死小主不從如一捧雪换監代戮之狀既而允從平安大主有家將名吉由假縛亀壽為玉村之子投獻八重瀨令下監受盡諸苦而欲殺之吉由假降帳下又有玉村大臣名波平者起義與平安大主合兵一處奉玉村子小按司為父報仇斬關而進殺八重瀨于帳下救出亀壽仍立玉村之子為按司此明季彼國分南北中三王時之故事也○小按司係十二三歲之俊童其裝束如水鬬中之小青不穿裙耳凡逢殺戰不在當場皆入場後作擂鼓吒吒聲而已又聞竹板響見男子四人頭束紅帕身著花袄腰圍濶帶腿纏青

紬手執羯鼓其聲鼕鼕又有四童裝束亦如之則手執短竹擊聲角角滿場躑躅且擊且跳謂之羯鼓舞又開傳奇一段曰淫女為魔義士全身走出一小生年約十五六扮一久米府之漢人後裔名曰陶松瑞頭戴細草笠子式如中國涼帽胎而大如小鐵鍋衣月白紬衫手執短拐往守禮府探親天晚迷路見山下有燈火投宿村庄隨有一旦扮村女出留松瑞宿自言母亡父出一人獨守欲薦枕席松瑞誡以男女不親授受之義其女不聽強逼之松瑞脫身逃遁女轉羞成怒欲追殺之松瑞逃入萬壽寺有老僧普德藏松瑞于鐘中一鐘極肖女子追索無蹤仰天大哭發狂而去松瑞已出女子

後至鑽入鐘中，忽變成魔相，頭出兩角，貌極猙獰，手執雙斧，勢將動武。普德遂合手念咒，魔即乘風化去，松瑞得全身而歸。此彼國近時之故事也。忽扮出大小獅子兩個，跳躍盤旋而下，歌舞自此而止，即中國唱戲之所謂團圓也。

琉球國亦有妓女，謂之紅衣人，其所居曰紅衣館。向例每天使至國冊封，准諸妓入館伺候。自嘉慶五年趙介山殿撰冊封琉球時，傳諭不准入館，遂為定例。自國相以下均有所歡，每月纏頭脂粉之費不過四五六金而已。若天使至，則不許國人闌入紅衣館，恐生事端也。中華人每到紅衣館，有賞識者，即聲價十倍。定情合意後，必贈一銀簪帶之，以為榮。盖民閭俱用角者惟妓女得中華人賞給始准帶耳其欵式如荷花瓣而脚長每枝重五兩其裝束百般總無一定有著白地青花衫徽映大紅抹胸者有著五彩印花衫束紫縐紗汗巾者有綠地五彩白花衫束大紅文絲帶者皆薄施脂粉丰致嫣然令人消魂亦能歌舞或彈三弦或鼓古瑟或坐而歌或起而舞凡紅衣人盡無子自八九歲賣身入館教以歌與人交接後積財贖身即買一美婢自開門戶年長則各有舊交故無從良之例其房皆南向空前一架為軒廊後三架為卧室三面皆板上施頂格下鋪脚踏綿潔淨而軟如登大床亦有箱籠衣架書畫呈設古銅甆瓶壺盃椀茶具酒器之屬簷

下亦鑿小池蓄金鱗數尾植芭蕉鐵樹于墻下有一種名佛桑花葉若桑而花如蜀葵千瓣五色俱備有大紅色者男用團扇女則半月夜卧則以大席鋪室中上施大帳而後以衾枕之屬亦點燭式如風燈而高外糊白紙中燃油火上有横木可以提携亦隨地可置隨處可粘燭皆純蠟可以通宵其餘起居飲食與中國無異

嘉慶丙子閏六月初五日海州鷹遊島有琉球國夷船一隻飄入内地其船主毛朝玉自稱從彼國之八重山失風飄蕩三晝夜至海州已七千餘里所携從者水師舵工計二十三人馬二疋及米麥酒布等俱無恙州刺史韓城師公以柔遠

之禮召至城中一面通稟大吏上　聞至七月廿四日始奉旨送還本國時余與王仲瞿在州廨親見其事毛朝玉者為彼國之巡見官位九品方袍大袖冠黃冠著草履能中國書不通華語與之筆談疊疊不倦余與仲瞿聯句贈之刻稿中其稱海螯為海月乃知謝靈運詩所謂挂席拾海月者始得真解朝玉臨行時書其舊作遊揚州平山堂兩絕云昔年曾此作春遊兩岸垂楊映碧流白髮夷人今又到空餘黃葉滿汀洲十里名園水一陂春花秋月兩相宜最憐樓上珠簾卷偏在忩忩客去時其詩雅有風致

西藏

西藏一隅從未内附至我　朝始入版圖前藏曰衛後藏曰藏古之三苗種也秦漢時謂之西羌其民以禿髮為國號訛曰吐蕃故唐宋時稱為吐蕃元明又稱曰烏斯藏其地在四川之正西東北接連陝西西寧衛界東南接連雲南麗江府界自成都至打箭爐計程九百餘里是入藏之要路自打箭爐至西藏計程五千二百餘里藏之西南為廓爾喀西北為葉爾羌實西徼之大都會也其間山川道里風土人情與中國迥然不同人生七歲即誦經數十萬言故多僧徒即所謂喇嘛是也地廣而險遠民獷而好鬥無城郭鮮捍衛俗尚荒

淫男女雜坐無論貴賤皆念佛皆掛念珠所念惟唵嘛呢吧彌吽六字喇嘛家謂六字真言也亦以十二月為一歲孟春之月為歲首藏人不識天干惟用地支亦有閏月更有閏日之奇以三十日為一月每月皆有三十並無小建而其實仍有二十九日者如某日凶則刪之某日吉則閏之所謂閏日有縮即有閏也其四時氣候日月顯晦雷電風雲雨露霜雪皆與中國無異

西藏自唐高宗時始封其國贊普為駙馬都尉西海郡王歷代相沿俱受中國制命自　國朝康熙五十九年平藏後封康濟鼐為貝勒阿爾布巴為貝子隆布鼐為公後以擒逆功

疊邀恩命封至郡王者乾隆五年謀逆伏誅遂除王爵十六年奉旨凡屬藏地均為達賴喇嘛所有加以輔國公三人一等台吉一人噶布倫四人定以三年一貢道由陝西每次限以百人准十五人進京餘留邊著為定例所貢方物不過鍍金銅佛舍利子犀角珍珠珊瑚寶石及各色氆氌猞猁猻皮數珠藏香之類而已

每遇年節凡商民皆停市三日各以茶酒果物相餽為禮其日達賴喇嘛設宴延漢番官會飲有跳鉞斧之戲選幼童十餘人著綵衣戴白布圈帽兩足繫小銅鈴手執斧鉞而上前列鞞鼓十餘面司鼓者裝束亦如童子觥籌交錯時相向而

舞其鼓聲疾徐咸中節揆有似古之萬舞越日觀飛神乃後藏番民供此役以皮索數十丈繫于布拉達山寺前人上下疾如猿猱如矢之離弦燕之掠水亦異觀也又擇日于大詔寺内聚集各山寺喇嘛擁達賴喇嘛下山謁佛登臺講大乘經謂之放朝凡番民皆越數千里而来踵相接也以金珠寶玩咸舉拱于首跪而獻之達賴喇嘛若受以麈尾拂之或手摩其頂番民出以為榮必誇耀于人謂之活佛降福上元日則懸燈于大詔寺内矗木架數層安設大燈萬餘盞綴以油燭為人物龍虵鳥獸之形窮極精巧自夜達旦視天之陰晴燈之晦明以占一年之豐歉十八日揚馬步兵三千餘人戎

裝執械繞大詔寺三匝至琉璃橋南放巨礮以驅鬼魅其礮大小不一中有最大者為唐時鑄上刻威劓除叛逆五字演畢于商上出金銀綢緞布茶等物勞之並布施僧衆為誦經之資歲凡支銀三百六十餘兩至三十日諷經畢則打牛魔王以喇嘛一人僞裝達賴喇嘛居之上座於番民中擇一人面畫黑白色作牛魔王直詣其前詆其五蘊不空六根未淨達賴喇嘛亦以理折之彼此矜尚法力因各出骰子如核桃大達賴三擲皆全紅魔王三擲皆全幺蓋預做六面一色者魔王自此驚懼而逃于是衆僧俗皆執弓矢鎗礮逐之魔王渡河而奔先時于對河牛魔山列帳房待魔王竄隨擊以巨

礟砲之遠颺而止凡扮作魔王者需先餽以賄其所避處亦必儲數日之食用以待之食盡而歸耳二月初二達賴喇嘛上山仲春下旬將大詔寺中金玉寶器及諸珍玩陳設殆備許衆喇嘛及諸番民縱觀謂之亮寶翌日布達拉山寺懸大佛像自第五層樓至山麓約長三十餘丈俱用五色錦緞堆成而又有衆喇嘛裝束神鬼諸番人亦有裝虎豹犀象等獸者繞寺三匝至大佛前拜舞歌唱如此者一月始散四月十五日寺門洞開燃燈達旦任人遊玩六月三十日別蚌色拉兩寺亦懸大佛像番民男婦皆華服艷粧更相歌唱或翻桿相撲諸戲七月十五日舉碟巴一人以司農事其地之頭目

亦羣然從之佩弓挾矢旂旛前導遍歷郊圻觀田禾省耕作較射飲酒以慶豐年然後土民刈穫亦以重農事也七八月間各臨河設涼棚帳房男女同浴于河以為祓除不祥也十月十五日為唐公主誕辰番民男婦亦盛服至大詔寺頂禮念佛二十五日又傳是傳燈佛聖誕舉國皆于墻壁間燃燈亦以燈之晦明卜其歲之凶吉至除夕木鹿寺跳神逐鬼有古者方相氏司儺遺意男女亦羣聚盛飾歡呼飲酒踏歌扶醉而歸此藏中一年景象也

西藏亦有兵制計前後藏内拉寨阿里稞壩及黨子拉雜浪木錯等處地方凡馬部兵共十二萬八千餘名遇有兵戈亦

着盔甲插紅纓及孔雀尾長鎗短刀弓弩藤牌鳥鎗俱有與
中國無異其刑法最慘酷有四十一條大凡罪重者不分首
從皆擬死或縛于樹上較射或送猓猓野人食或縛送曲水
蝎子洞令螫死或抉目劓鼻或割手去足罪輕者以沸油澆
其胸或利刃裂其肉或以利油籤刺于指甲内或以繩縛之
撻以竿浸于水中至尋常爭鬥亦罰銀錢入公或出牛羊若
干頭而已若無銀錢牛羊則縛浸水中籍沒其家
達賴喇嘛與班禪額爾德尼衣冠式樣今京城内外皆有之
冬冠上尖下寬與頭相稱夏帽若笠衣色尚黃亦有着紅紫
者其餘喇嘛亦相似其所屬之噶布倫戴綳碟巴等處則又

是一樣裝束其髮不綰披垂肩後戴平頂栽絨段狐各帽綴以短纓或覆獺皮于頂手持念珠或遇令節公事則著蟒段或氆氌紬段頭戴白紗帽無翅者左耳垂金鑲綠松石右耳垂金鑲珊瑚大領窄袖綠錦短衣袖口用五色線相接束大紅花緞帶下穿黑褐百摺裳足著白軟底皮靴披紅褐佩刀

婦女之服飾頭髮從頂分兩旁打細辮如繩互交腦後居常戴紅綠栽絨尖頂小帽身著小袖短衣僅齊膝間下著各色紬緞鑲錦花邊圍裙手帶銀鑲珊瑚戒指左手帶銀釧右手帶硨磲圈兩耳帶金銀鑲綠松石有小鉤穿于耳又以銀鉤連珍珠珊瑚成串長六七寸掛髮上以為美更有奇者凡婦

小雲曰兒茶臉西藏之婦皆然咸以為□此以分貞淫別或以為唐宗時文成公主嫁吐蕃時惡俗生至于毀裂面其血凝于兩腮者之番之婦女效之至今成俗矣

女見喇嘛俱用紅糖或兒茶塗兩腮否則謂之呈妍飾媚迷惑僧人罰之不宥而家居亦時用之

西藏番民多食糌粑牛羊肉奶子茶之類其性燥而茶最為急不食則病故不拘貴賤飲食後必吃茶其茶熬煎極濃入酥油鹽攪之食不拘時以飢為度不用箸男女老少皆以手掬而吞之亦有酒味酸甜醉飽後男女相攜沿街唱笑以為樂也

西藏亦有禮儀真堪發笑自噶布倫戴綳碟巴以下而至番民見達賴喇嘛及班禪佛皆去帽合掌伸舌頂禮者三後垂手鞠躬聚足屏息至法座前達賴班禪以手摩其頂謂之討

捨手其婚姻之禮門户大者亦有擇塔之説其餘皆苟合也房舍亦有碉樓閣亦有平房必刻桷雕楹備極燦爛亦有醫藥丸散不論病之輕重必延喇嘛誦經至于喪葬尤為可笑凡人死即用繩縛令口膝相連兩手交插腿中繫尸于梁上延喇嘛念經越數日負送剮人場碎割其肉餵犬為地葬或以筋骨搗爛和炒麪搓圓飼鷹謂之天葬其風甚惡乾隆末年駐藏大臣工部尚書和琳出示永禁始行中國喪葬之禮實叙永同知元和周明德贊成之余已載之　熙朝新語道光十二年偶遊清江晤吴興俛小雲先生先生嘗至西藏悉其風俗者據云今和尚書碑尚立于大詔寺之前而西番習

俗相沿迷而不悟仍分天葬地葬水葬之風實與禽獸相類
矣

大西洋

嘉慶初年閩人有王柳谷者名大海又號碧卿嘗遊京師自言曾隨賈客至西洋所遊噶喇吧音交留巴三寶壠北膠浪萬丹三處頗久為三寶壠甲必丹家贅壻衣食麗多侍婢數十人幾至樂而忘反以家有老母未敢多留拂袖而歸仍筆耕度日以事老母而終其身柳谷所記諸國以和蘭唤咭唎佛蘭西三國為最大噶喇吧三寶壠北膠浪萬丹吱哖脊次之其餘諸島則有高奢爪亞息坴無来由武吃氏猫厘武敦暴々西蘭吉寧知汶把實貢色仔哖黑毛柔里罵安汶萬瀾澗仔坻鴿壠西壠龜靜明絞脊凡二十三國亦不能盡到但記其大

畧而已案西洋古無志乘亦不通中國自明宣德中有内監王三保鄭和等至西洋採買珠寶始通中華紀於明史其道由安南西去歷西海諸國數萬里皆不奉貢獻或有相通率皆貿販之夫射利而至者故其山川道里風俗人情莫得而考之也今依柳谷所著海島逸史畧為詮次焉

和蘭

和蘭替氏中華人呼為和蘭在中華之極西北　本朝順治十三年始来貢獻其國王名黑投為國人皆面白隆準赤髮綠眼不蓄髭鬚衣服精潔短身狭袖步履佻健官之最尊者戴黑圓帽衣紅呢執紅棍餘皆青綠而已其立國至今相傳

已有一千二百餘年甞據占吧國納其租稅并將沿海一帶之地盡為已有建立城池蠶食附近亦二百餘年矣其俗尚勇武藝精能不論男女十歲以上皆演習鎗刀跳舞諸伎其法皆有師承武藝之最精者父母榮之鄉里敬之即能武斷鄉曲無不服從矣凡城門舖塘俱設營卒巡邏晝夜不懈衣甲未嘗去身竟歲不聞盜賊能收養貧病鰥寡孤獨之人有則付衙門收錄俟其親人来領以此買服人心國中山海之利以及園宅婢僕買賣交關俱有専官職掌出納畫一分文不苟惟有大罪及命案國主親為究治嚴明法度謹慎邊疆所以能久長也其國九月便見霜雪草木凋零人多有百歲

者

嘆咭唎

嘆咭唎亦名膺吃黎華人呼為紅毛國以其人多赤髮故名亦在中華之西北與和蘭相近衣服制度亦與和蘭無異語音字蹟却又不同其人勇略多智所製渾天儀地圖鐘表雜器以及兵刄刀劍之屬極精舟行有量天尺能測海中淺深砂石魚龍藏匿之所分毫不爽有千里鏡者能觀百里之外又有屈曲鏡能窺敵國之房屋幽隐無不徧及有天炮者其所造也較和蘭為精巧如敵營遠近幾許用量天尺量之用屈曲鏡觀之則舉炮悉中其處不踰尺寸炮必向天而舉到

其處即能墜落而旋滚周遍焉其炮向天而發故名天炮尚製有毒刀鎗無論人獸觸之見血立斃所謂綦〻烟者不知何藥所製於上風高處焚之被其煙者皆死其國日漸強大幾欲并吞和蘭故和蘭待之甚厚亦畏之也先是乾隆五十七年春廣東廵撫郭世勛奏稱有暎咭唎國僻在西北海外自堯舜以来未通中國情願投誠貢獻於

大皇帝云云

高宗閱奏大喜準令来朝至癸丑四月十三日山陰陳雪樵騎尉適署浙江象山左營守備有卒来報云探得沿海錢倉地方外洋有大樓船三隻停泊已一兩時矣某時亦在署中

謂騎尉曰此斷非蔡牽之舟恐是唤咭唎入貢船到耶騎尉立即上馬馳至海上果見三船遂乘小舟渡上大船有通事官出見因告以

大皇帝有旨準令汝國貢獻何以今日始到是何遲滯也通事官曰敝國至此計十三萬五千餘里且有颶風之阻故今日始至此耳其船凡三十六丈濶亦八九丈船頭有銅炮三座船兩旁有小銅炮七十二座帆樯九枝每船計坐二百餘人三船皆如此騎尉馳歸聞之協鎮官乃作督撫提鎮兩司本道中軍協鎮通禀七和皆余筆也次日發軍裝火器結營帳于錢倉昇爆鳴鑼吹打仍令騎尉下海出洋相請遂見其

貢使所謂大欽差一人嗎嗄咴呢副欽差一人嘶噹唻總兵官一人本生年俱四五十許副使子一人哆嗎嘶噹唻年纔十三析白如玉欽差代筆一人素門文帶一人妻門醫生二人已郎施葛弟天文生一人登維德副總一人吧呢施管兵官一人額魯廳事官一人白齡二位一人伊開三位一人伊登勒四位一人額勒素德家人十五名欽差家人一名嗎嘵呢吹樂器五名喀咴喀二来塞三雜色勒白文兵勒四名副使家人四名額樂百嘶根勒樂白勒令院二名百院門二名匠作五名噹咴噔底百必底百哆勒恒多共計五十八人而水手雜作不與焉諸人林立不通言語所言皆憑通事官問

答騎尉曰我
大皇帝聞汝國貢使到此有
旨令臣等来探問請登陸赴酒筵以獎上國來王之意此去
京師不過二千餘里倘有缺乏可相助也通事官答曰我欽
差某公来中華啓行時國主諭云汝等不到神京不許登陸
不見
大皇帝不許與人交接且舟中銀餅甚多毋勞賞賜騎尉曰
汝等祇可云貢使未便稱欽差出言何謬也通事官惟笑視
三貢使三貢使亦笑視通事官喃喃者久之不知其作何語
也騎尉登岸回報上官不能登陸之故有頃西南風忽起遥

見三船張帆向東北而去其時同在錢倉顧騎尉云如兄者可謂不辱
君命矣所有該國表文貢單俱屬俚鄙不堪卒讀其所貢禮物計十九件附錄扵此第一件大架一座上有日月星辰下有九州四海自能運動該遇日食月食俱顯明于架上亦有時辰鐘自言用心推想而造古今無有如此巧妙者第二件中架一座亦天文地理之圖取其易扵省覽第三件天球全圖一個上作藍色其星宿皆以金銀為之有銀絲分别度數第四件地球全圖一個第五件盒子十一個可看時候及天氣變換之期日月盈虛之變第六件探氣架子一個自言有

大效驗第七件銅爆數個及西瓜爆戰船所用第八件椅子一對人坐其上自能隨意轉動第九件家用雜器数十種第十件雜樣印畫圖像有國主全家人像有紅毛國京城炮臺長橋大堂花園及鄉邨之圖有交戰之圖有洋船圖式第十一件玻璃鑲金彩燈一對掛在大堂中可以照耀其光勝于他燈第十二件絲毛金線毯数張房間用第十三件大氈毯数張大堂用第十四件馬鞍一對第十五件車二輛一為熱天時用一為冷天時用第十六件軍器数件各有長短有自来火鎗有兩双劍自言兩双劍能削銅鐵第十七件巧益架子一座能加增人力量第十八件紅毛國船一隻第十九件

皆其國所製之物如哆囉呢羽毛紗銅鐵器之類

嘉慶丙子七月西洋暎咭唎國又來入貢舟至天津督臣奏
聞其正貢使為侯爵羅尔阿美士德左使為男爵西雅治斯
當東右使為米斯成依禮士筆帖式兼譯生為米斯瑞米斯
迪惠民米斯馬禮遜米斯萬寧正貢使之子為貴米斯阿美
士德正貢使自用筆帖式為米斯咸正貢使之從子為生之
米斯額理府雅文學為夏咸黎醫夫兼物性學為米斯亞比
里又醫夫米斯彼尔敉米斯林園兵武官為米斯古蒙園兵
副武官為米斯謝彌守各貢物者為米斯瑪布利米斯雅波
米斯馬尔屯也隨從十八人掌管貢物之役二人樂手十二

人圍兵二十二人共計上下七十七人而水師不與焉所貢禮物有大金盒一個蓋上繪嗣王像金鼎一個鼎身上鏤古典雕刻精工大玻璃鏡屏二面高一丈寬六尺另有屏架二張大銀盤四個設宴用圓銀筐四個安果物用圓銀鼎四個有蓋安甜食用大銀盤一個有筐中貯茶酒壺蠟臺之屬磁器三十九件該國所製玻璃蠟臺兩對每對插七枝蠟該國所製轎子二乘大玻璃懸挂蠟臺一件上插蠟三十六枝玻璃磁器二十七件中有十個可以興人精神玻璃盒十二個中貯玫瑰花該國自用梳洗盒并釀酒安各種食物五十七件王花臺水車兩個該國地圖四張黃紅藍各色大呢羢四

十四疋該國王并王妃朝服大像二張該國所畫山水人物
九十九張剪絲羊羢洋紙九十九張又進
皇后貢物有該國王妃所用之桌三張照鏡六張金盒十二
個玉石曷五個各剪絨十八疋花白布三十四疋各樣細布
四十九疋該國自造邊白紙二百刀俱未
賞收亦未
召見有
旨著地方官沿途護送至揚州之高旻寺彙齊登舟由長江
南下廣東出海而去
佛蘭西

今蘇人稱為佛蘭西亦名勃蘭西又名和蘭西蓋番語與中國不通無有一定之音也與和蘭嘆咭唎並峙為隣其狀貌衣飾器用亦與相等惟人情强悍國貧少經商之徒人亦罕有至者吧與和蘭每被嘆咭唎欺凌則倚以為助國大人衆嘆咭唎亦所畏憚也

噶喇吧

噶喇吧邊海在中華之極西南自廈島揚帆過七洲從安南港口歷巨港蘇六甲經由三笠而入嶼城至其澳計水程二百八十更每更五十里約一萬四千餘里可到其國國城面北背南後有火煙山以為屏幛其外即南海也國之左為萬

丹右為井裡汶前列嶼城城池嚴峻地勢雄壯街衢方廣貨
物充盈然其地卑下天氣炎熱四季皆如夏候炎風暴厲觸
之生疾河水甘涼浴之却病人民多不壽春雨秋旱歲只一
收而田土肥沃耕種便易於春雨後田水平滿時散穀于田
則自發生不須耘鋤而草莠不生自然蕃茂一穗數百粒即
山曲之處亦可種其米粒長性軟中華不及也故米價甚賤
富多貧少惟所用貨物皆屬國所產以赴吧貿易者其國相
傳已垂一千八百餘年食毛踐土不置閏月每年歲首以冬
至後十日為期其人隆準赤髮沉潛善慮亦置職官〻各有
副如國主以中軍代行其事陞降出入皆聽命于賀蘭至犯

法大罪以及嫁娶生死水旱疾疫之事俱當申報和蘭不能自主也其推舉有甲必丹者見人長揖不拜自稱晚生國人有是曲直排難解紛無不立斷或拘或打無容三思人或困窮相投無親論戚友朋未嘗拒却亦無異視童子見客揖讓為禮婢僕見主屈膝為敬舉國肥饒日用省儉斗米二三十文鷄鶩賤於蔬菜城市之外皆為園林百花紛雜四季俱開百果離離隨時而出其中樓閣亭臺橋梁廊榭窮工極巧曲盡精美殆非人力所及有禮拜祠每七日一禮拜講念經咒若中華州縣之講鄉約供聽之人輒低首垂淚似能感發人心者喧譁半時各各散去便入園林宴賞以盡一日之歡車

塵馬足相望於道一大都會也其統轄之國則有三寶隴北膠浪竭力石等處不下数十國

三寶隴

三寶隴吧國所屬之區土地寬廣物產繁多賈帆四集為諸夷貿易之處也其國實甲於東南諸島所領轄者数千里田土肥沃人民殷富天氣清涼勝於吧國户無疾病之憂人無饑寒之患風俗質樸路不拾遺國法嚴峻亦聽命於和蘭其俗最重華人嘗推舉華人為甲必丹甲必丹者猶中國之州縣官也其將舉時必先申詳其祖父家世于和蘭然後擇吉定禮招集親朋及鄉里之耆老百數十人至期和蘭有使者

来捧一卷若詔勅者甲必丹乃肅具衣冠率諸人出門跪接使者止于庭前露立即開讀上指天下指地云此人聰明决斷通曉事理允推為甲必丹汝等鄉耆以為何如諸人齊應聲云甚善使者始與諸人為禮即與甲必丹升堂賓主對坐不知作何語諸人都立階下少頃使者去即膺其職為甲必丹即國中之大頭目也遂煮海為鹽丈田為租一切車馬玩好之具無不充牣其居指揮如意富逾百萬矣其俗以妻為重家事必由主裁妻曰嫢（雅字平聲）通國之人多懼内婢妾必由管束一舉一動防嫌甚密其鋒不可當也夫與婦一刻不離行則携手而行坐則並肩而坐甚至接口狎抱終日嬉笑不

知顧忌率皆窮奢極欲以自快其身心而已尤重於食與臥雖有急事僕人不敢通報必食畢臥起方敢言有禮拜寺樓極高鐘聲四處皆聞以子午二時為一點鐘一交子時國人男女盡起行一日之事至十二點而止過午為二點鐘則家家閉戶而臥路無行人矣

北膠浪

北膠浪在吧國之東南亞于三寶瓏面山背海列屋而居限以木柵路衢宏敞林木鬱葱城郭巍峩宮室華麗但見碧海漫漫白雲無際真仙境也雖深山僻壤不假修飾自有一種天然景象遥聽猿吟虎嘯寉唳鴟鳴行旅往來處處險阻必

操戈結伴方敢出門至於夕陽在山漁人返櫂行歌互答欵乃相聞彷彿江南圖畫中雖福地如蘇杭不能過之也

萬丹

萬丹古稱闍婆國在吧國之西爪亞所居道里遼濶地皆肥沃貨物繁多人皆富裕家計生產亦皆婦人掌之夫不得而主也爪亞之番四處雲集最畏和蘭遵循惟謹不敢少懈其國主曰史丹處于山中所居極其壯麗和蘭既納其租稅又據其邊海之地以聚集諸夷與之交易王府之外又築一小城置官十二人夷兵百人守之名曰護衛實以挾制史丹也史丹歿立其子非和蘭之命不得立而爪亞性柔弱最愚蠢

無智謀皆曰彼畏我所以納我土地之稅也彼敬我所以設小城親自護衛也其類甚多凡數十區處有數百萬人而和蘭沉勇有謀略設計籠絡以威脅之以利誘之足以懾服其心是以爪亞雖衆俱屬和蘭夷人為之語曰雖有爪亞千輩不敵和蘭一人案海島逸史噶喇吧與三寶隴北膠浪萬丹諸處風俗大同小異其所居之室如亭四面皆可開窗無椅榻人皆席地而坐與琉球國相同男女雜坐無禁忌食不設筯以手掬之以牛為享不食猪犬又與回部相同女不纏足不施脂粉男子則簪花飾面衣繡穿裙則與中華大異矣吧國以風為鬼以水為藥凡有感冒風熱並作者浴於河則愈

產婦與小兒出痘皆浴於河且以針挑破其珠擠出濃漿竟無害者雖盛暑極熱之時不敢露體扇風卧必密室以布帷張幄少冒風則病立作是以樓房屋宇皆用玻璃以為窗户取其不透風涼而内外光明也今中華人皆效之

吱哖嘈

吱哖嘈華人呼曰宋仔亦曰寔班牛居于西北海之隅國名干絲臘人民狀貌頗類華人冠高角之冠衣狹袖之衣飲食器用略同和蘭其國甚富產金銀所製圓餅銀即中國所用之洋錢也錢上俱肖其國王之貌大小俱備閩廣貿易者便之今則兩江兩浙兩湖皆用之矣洋錢之文不一有馬劍者

有甲板船者有雙鷹者有獅子者即其國主之貌亦有不同者有半者二當一亦有四當一有八當一有十六當一有三十二當一者又有金鑄者大小悉如之又有紅銅者中肖雌虎形名曰鐳以當錢文之用

高奢

高奢在吧國之西中華人稱為些逸其人高大魁梧男多鬚眉衣花錦襖白練裠以白布纏頭手持念珠國亦甚富

爪亞

爪亞之類甚多皆居邊海一線之地與吧城三寶隴北膠浪等處旱路可通其人粗蠢愚直不達事理胸無城府怡然聽

受不紀年歲以十二月為一年見月之圓為初一字蹟如蛇
蚓音語則各處不同然受制于和蘭役使如奴隸而爪亞遵
循惟謹若甘心焉

息坐

華人出洋有數世不回中國隔絶
聖教者語番語食番食衣番衣讀番書不屑為爪亞而自號
曰息坐音南字去聲性情狀貌與華人同惟不食猪犬然其制度
與爪亞無異生處日久男女日多和蘭恐其約束也為設甲
必丹以御之

武吃氏

武吃氏處扵山中自稱膋喏其女子貌極美且乖巧異常善識人意惟性强悍不避艱險至死方休每揚帆海上海船遇之莫不辟易者惟不受和蘭節制約為兄弟之國而已所產幼布海参為西洋之最

無来由

無来由散居各處種類甚多性狡獪多反覆巢居穴處不類人形喜刼掠海洋中出没無常即内地所謂艇匪也閩廣兩省常患之

猫釐

猫釐狀類爪亞男女皆穿耳女子姣艷至老不衰而性勤儉

善作家亦不受和蘭節制其地當吧國之極東四面大海浮嶼羅列仙境也土產燕窩海參魚翅翠羽諸物

武敦

武敦人狀貌醜而黑性剛猛諸番所畏不亞於武吃而粗豪過之亦不屬和蘭

暴暴

暴暴居于安汶之東其人狀如夜叉渾身漆黑毛髮螺拳了非人類然手足敏捷上樹如飛猱木居穴處不食煙火殺之血如濃墨死亦不畏暴暴喜嗜酒不醉之量而和蘭喜用此種為奴僕以其性善便於使令肩挑背負皆暴暴也咸呼之

曰鬼仔亦名烏鬼

西闌

西闌與綦綦相隣亦稱烏鬼深目高鼻口濶至耳皮黑毛拳赤身露體巢於樹上能挾小兒於脅下上下樹如飛逾于猿猴也見蜘蛛蜻蜓蜈蚣之類輙喜而食之

吉寧

吉寧與西闌接壤其面如漆而絕短小男女皆躶形略似綦綦

知汶

知汶在尾陳之極東番語東曰知汶故曰知汶也無來所居

與猫釐為隣國地方貧瘠人物粗蠢不屬和蘭

把實

把實在馬辰之東亦不屬和蘭管轄每年只納貢税而已土產燕窩沙子金在諸島中稱為富國

色仔哞

色仔哞華人亦稱其為烏鬼性機警無祖系嘗于吧國設立禮拜寺其紀年字蹟音語衣服器用宮室俱遵和蘭規制人物清秀女子美艷惟與和蘭為婚姻其他不屑也

里猫柔

里猫柔在馬辰之西深處山中無立國其人狀貌略似爪亞

而遍身刺紋繡女亦穿耳大其環〻垂至肩以為美地產砂金國甚富又出銓石其石性最堅磨之光耀如鏡可鑑毫髮閃光奪目入水不濡入火不滅而光彩如舊大者無價小者亦值數十金故和蘭不貴珠玉以銓石為寶貴今中國有猫兒眼者亦類此

里罵

里罵讀曰麻無来由所居地方偏僻風俗貪饕獨產良馬鮮有經商之舟至其處者每年惟選良馬數十匹入貢吧國而已

安汶

安汶在吧國之東南與萬瀾澗仔低鼎峙色仔年息坐無来

由諸島之人雜處其間亦產海參丁香紅白鸚哥雲霧鳥油
盆密諸物

萬瀾

萬瀾在吧國之極東西洋澤國盡於此其地爲息坐無來由
所居亦產海參玳瑁諸物

澗仔低

澗仔低亦在吧國之極東相傳商船從此回廈門較近但未
有行之者亦產海參玳瑁沙金珍珠之類

鴿

鴿在西北海之隅凡和蘭甲板船到吧經由此地必停泊更

換舟師添買火食然後再行蓋其地當半途之衝華人在吧有受其傭僱為舟人者相傳甲板船来往總看風之順逆云將至其地有暗海不見日月舟行約二三日始出天地之奇如此

隴

隴在大海之中其地甚寬廣西北海諸國賈帆交商于此人煙輻輳貨物充盈諸夷雲集然華人鮮有至者

西隴

西隴亦在西北海之隅地屬和蘭亦極廣嘆咭唎佛蘭西咬哖膋諸國俱商于此其地産金銀寶石五色俱備光彩奪目

凡吧國之犯流罪者悉發于西隴華人之犯罪者亦如之餘人不能至也

龜静

龜静西隴相近與隴為鼎足焉和蘭人常聚集其閒樹木蕺生民居稠密不亞吧國而華人不能到以其地太僻也

明絞喈

明絞喈在望久里之西土地亦寬廣和蘭唊咭唎色仔哖諸國之人雜處其地亦四夷雲集百物俱備諸商交會之所亦產大呢羽毛緞諸物焉

按八紘逸史西洋地勢廣濶海道紆迴無窮無盡能以

帆檣通者方可略識其處大半皆為和蘭所轄此外尚
有英黎稽納北嵗勿些役濘諸處惟聞其名從未有至
者故其居處風俗俱不可得而考矣列子周穆王篇載
西極之南隅有國焉不知境界之所接名古莽之國其
民有知有愚萬物滋殖才藝多方有君臣相臨禮法相
持其所云為不可稱計觀此則知西洋諸國古人已先
有至之者如和蘭㖡咭唎之强大噶喇吧三寶隴北膠
浪之智巧萬丹呅哖膋里猫柔之富庶纍纍西蘭之剛
猛而異于人類者理或有之不足奇也蓋天地之大無
所不有史記載鄒衍之言曰今所謂九州者乃二十一

分取其一分耳惟天地如鷄卵西極則東東極則西北極則南南極則北故中華之地西北高而東南低此其明證也江河之水東流東流之極安知其不西流也西流之極復歸于東其勢然也惟南北兩極亘古不易日月循環亦亘古不易者因錄西洋諸國略志於後壬辰十二月雪窗棋華溪居士記

書江華猺事

槃瓠之後今為猺漢時所謂武陵蠻夷者也永州府江華縣民猺雜居而猺有三種一曰平地猺聚居上伍堡納糧守隘近多猺童猺生畧知禮義一曰過山猺散居錦田嶺東等處瞻小畏事不見官長開懇荒山種六成為口食地力盡即更易他山開懇故自號過山一曰高山猺性愚魯易惑難解少詐多貪則居瀧河之九冲云九冲之地曰蔣家河曰水口曰漕灘曰黃石曰狗水曰豪江蔴江背江霧江諸猺散處其間佃種民田納租兼種茶採葉為生 國初以來相安無事而民之收租者積威之漸勢同官長業

主往来猺必備船送迎稍不快意即時鞭撻又於田租之外復索山稅謂之帮補否則判與他人耕種而奪之田其来久矣宜章民柳文栢者客寓江華見業主欺陵猺佃心忿之一日得猺榜大喜與黃石冲猺李德旺等謀以為事雖百年凡有憑據皆可告争加以人衆勢猛官府自不暇詳察乘機得勝即可獨霸一邑後無敢置問者矣遂與新田民鄧光斗共慫恿猺揔趙友連及李德旺李喜福盤進才四人為首號召羣猺以助其勢乾隆十六年三月一日遂率羣猺數十人赴縣控辭指稱業主蔣友信藍志魁等百餘十戶倒糧奪產壓佃吞租喊呼申理其狀曰事不平

則明人有寃則洩猺人自祖盤古落業青山霹開混浣此猺字想是沌字也與國平分石壁有水祇處猺人山田開懇自耕自種自管自業蟻蒡陞科九冲粮税以斬藤葛令被蔣友信蒡横心毒害横筆恣冩康熙二十八年被生倒戶勒索田租茶葉無數屢害九冲猺民私勒猺田帮補不念舊好年久生計得時慣便一如虎入猺山猺被害銷骨虎口難填全家受毁又被蔣姓存心轟勒占業占山蟻蒡衆猺實不甘心懇天電劈知縣呂宣曾閱其據則以猺榜爲憑畧致駁詰則蜂擁上堂漸至百餘人汹々不散又狂惑無知從容語以情理佯為不鮮祇以懇斷田粮入巳為主撞頭呼

類勢且叵測乃姑令懸牌判曰示審始稍稍散去猺榜凡
三紙一名評皇券牒註景定元年一名准評王勑榜註代
隨二年一名明江華帖榜註開寶王八年末畫人狗形凡
十四塗以紅緑顔色文皆荒唐俗鄙毫無義理唯評皇券
牒稍為順適且係刻本大旨謂猺人之祖乃一犬名曰盤
護因有功于國賜宮女生十二男女各賜姓加封入青山
白雲之處聽其刀耕火種官不得過問出入山川疆界人
不許盤結所註時代不同或係僞造年號蓋本後漢書高
辛氏之代有犬名槃瓠者得吴将軍頭上妻帝女生六男
六女後為武陵蠻夷造言者聞之不審槃瓠訛為盤護又

訛為盤古吴將軍訛為高王帝女訛為宮女其他種々不可究詰捻之創此說以為占山出境之寶符也認假成真抗衡官府此而不懲後不可治吕令欲設法擒拿又恐移營點役人衆心雜漏洩激變庭審日委曲史巡撿在外另訊猺供自在内堂訊閗業主預飭紳士則每人帶一抱告係公業者帶三二族人逐名查訊留侍左右外用家丁數人站班書役十餘人持索守候然後傳提為首之四人入質語以情理法律四人束手就縛隨又傳提一冲之猺約十餘人入内先為開導勿受四人之愚即宥其罪姑鎖押此對質祖課以便從輕核減各唯々受縛又以次傳提各

冲之猺皆願就縛候訊所以然者見人衆勢孤又緣四人者哄誘猺衆已經數月每示審不候訊結即逃散以圖續竄為斂財計故猺衆一聞滅祖結案即豁然也共計鎖猺百有三名分地看守然後升堂細訊皆稱為四人挾制事不由已及問為首之四人則供為柳鄧二人所教因密拿到案供稱平日怨業主欺凌猺佃又見猺榜乃為此耳既而詰榜之由來但堅供祖傳世守朝廷恩賜而已因為摘其繆妄并查出後漢書傳生員王揚于等逐一講解衆猺等皆羅拜曰今日始得明白不願認狗作祖宗也呂令念其愚無知將趙友連等四人枷責餘猺盡與擇免柳鄧二

人枷杖而徒之隨查質其的實姓名分析合併業主猺佃各給與合同執照祖仍舊額窮猺艱苦量核減其十之二併誠業主不得作賤私責立碑示禁以杜後事而焚銷其猺榜焉其評皇劵牒一卷所謂義理稍順適者今節其畧而附於後

正忠景定元年十月二十一日准盤龍王犬盤護上殿踴躍拜舞朝王歡欣中外獨言報主之恩盡瘁畢志我王勅誓恐或未堅高王頭級何取之得再誓勅護命賜食以資其往食罷辭去大將軍等各送國門外盤王舞走如雲飛身遊大海七日七夜到高王國中時遇在朝認得盤護者

喜而笑曰評皇有此龍犬今來投我國必敗也吾聞昔日
有言異物進朝而國必戚君其畜此左右臣僚舉皆欣悦
退朝引護入内宫置食美味待之情如珠玉每坐朝常令
侍側不離須臾忽遇遊賞百花林行宫大醉不醒盤護心
思報主之恩功賞高大用意將口咬殺高王截取頭級復
遊大海回歸殿下污血在地王坐朝盤護口啣高王頭級
舞拜朝見陛下先准勑誓堅立不移我有福德之分勑令
宫女插帶梳粧如花似玉盤護向前將口咬住裙脚不放
王見盤護有些靈性就將宫女嫁之為妻入内宫擺宴成
親勑令備鼓樂迎引送入會稽山安住逐月差人供奉錢

粮與伊食用黄金白銀共文八拾萬兩官賜二品都尉将軍尚書宫女生長六男六女王聞之喜敕賜各姓盤沈包黄李鄧周趙胡唐雷馮各補官爵永曉世務後盤梔處山被石羊撞落石崖勅伊十二姓子孫摇動長鼓吹笛笙歌鼓板引出大男小女連手把臂身穿花衣赤領摇天轉地唱歌不絶收得黄金入於木函中令伊子孫承奉香火萬代享受無窮合具勅牒條律開後一准王猺子孫所居山林各以刀耕火種山源田地三鍬以上之地離田三尺離水三尺付水不上乃王猺子孫耕管三鍬以下之地乃農民耕種送納王租三鍬以上養生送死不許百姓侵奪一

十二姓子孫自行嫁娶如有嫁百姓甘罰蛟子鮓三甕開通錢三百貫無節竹三百根狗角梳三百六十隻糠頭繩三百丈入官一准令各府州縣官吏不許科派錢粮身丁夫役並與蠲免或往来經過山谷不許詰問國家普天之下萬頃山河乃係朝廷山場仍需王猺子孫安居諸山林不間遠近大尺任便王猺子孫望青採斬山貨麻豆苧茄粟麥茶藤種賣興販自營身計如有百姓占奪赴官叅究遂給券牒與王猺子孫萬世流傳後代時官之主念朕之人特與依牒律令右勅知十二姓子孫浮遊天下隨風隨雨乃是助國之人與聖分憂任便山居給立評皇券牒子

孫永遠執照

錢子曰生今之世為今之人不能讀千古之書而局守所聞者有異評皇眷牒之為說哉江華之猺固無足怪及畧其事而讀其辭乃知禽獸蟲蟻亦能文章何其奇也

處士程嵋傳

程嵋蘇之常熟人字禹開號眉山初名苑楨父玉潤明末由易州牧任上林丞陞大理寺性亢直强項有白虎之稱年六十八生嵋嵋生九歲父卒臨終握其手曰吾死後不數年必有亡國之禍恨吾年老不及身殉其難汝曹年幼必經見之吾家自忠節公以至于吾六世登第受國家二百餘年厚恩汝曹雖力學不可求仕他朝以負吾志嵋自是閉戶讀書不作功名想李自成破京城稱帝號宏光即位南京將册程妃為后而家門寒素時嵋從其兄光祿寺仲巽在都同邑人錢謙益署嵋兄弟名具題欲借其門第

家世以光冊典嵋作書卻之曰蒙表兄骨肉之愛為寒家昌大門閭之計但弟年僅十三髮未垂肩一旦膺鐵券之封加蟒玉之飾雖叨一時之榮得毋為識者笑乎且愚兄弟與冊立君支系不甚交切何敢濫叨世職上欺君父若降旨見逼弟當避跡窮山從赤松子遊耳乙酉三月嵋遂別兄歸至江口登舟喧傳左兵東下將有澄清君側之舉適忻城伯同武操江並轡而至周視城外為捍禦計嵋懇忻城發兵護送忻城以防禦為急止給令箭兩枝俾隨地撥用言未已見上江兵船連艢揚帆而下相顧失色嵋立船頭望之廼其從侄煥如也戎服過船具述別後流離之

苦令屬史閣部標下充右營前哨副總兵因聞四鎮兵潰而南容奉令防鎮京口並非左帥之兵也因覆之忻城鮮維而行煥所統舟師六千繞其兩舟鈴鐸嚴明無不測慮夜泊儀真南岸江上逃難之民蔽江東下呼號徹夜聞之慘然次早過天寧等洲遥望京口四鎮兵争互相攻殺兼之難民如蟻舟少人多攀援而渡者刀斧亂斫指紛落如雪片浮屍波浪間見之傷痛嵋即遣煥中軍參將以忻城令箭傳知各營并禁戢屠戮難民由是分營各渡撥船四十號接濟難民約渡五萬餘口歡頌載道四鎮兵進聞之後嵋舟始得汊港煥撥白甲兵三百護行一路城鎮俱為

四鎮兵刧掠寸草不遺適撫臺統兵于毘陵稍斂跡而去嵋到常州進謁撫臺隨撥兵船相送因遣白甲兵還鎮并着來役賫令箭馬上飛行纔還趙忻城連夜從北港小路出長涇黄庄等鎮抵縣風景猶儼然昇平氣象也城中大家遷移下鄉者僅十二三耳嵋遂奉母嫂借居昆湖南之張涇五月　大清兵至南都失守仲翼投誠仍任光禄六月初撫招到縣民心帖然望後薙髮檄至方有譁然者十九日嵋第四兄及姪仍行冠禮到鄉拜母嫂而去嵋於後堂獨坐過午忽聞前廳喧閙聲管門人陳文踉蹌進報宋舉人率闔邑人在外要燒房屋搶家伙矣嵋即披衣出宋

培巖果大嚷曰汝兄與錢牧齋已投誠 清朝矣我拚命留髮集鄉兵起義令先燒搶汝兩家以懲反側嵋正色徐言曰闖逆犯闕先帝以身殉國為千古不共之恨而百僚怡然推戴上勸進之表輸助餉之銀安就偽職而不辭令
清朝因吴三桂之請以一旅上報君父之讐定鼎燕都傳檄南國君相同逃兵不血刃奄有中夏百官之順從者豈僅家兄與牧齋而已哉況招撫蘇杭已逾币月未聞忠義之士稍能一抗今薙髮之舉天下皆然而老伯獨能以常熟彈丸之地為莒墨之續誠可慶也但家兄投誠之信未必非真若論吾邑曾已就撫則人人投誠矣豈可舉邑

之屋皆付之一炬乎況老伯於先君林下之日坐食寒家相知頗厚即家兄有可罪之條亦宜出自他人之口不應老伯創此議也且屋為姪之所居姪非投誠之官則屋無無可燒之理幸三思之培巖默然良久曰汝言良是但舉義乃公事汝家世受國恩豈容坐視須出兵餉三百石家丁三百名衣甲器械稱是則汝兄事亦不問矣嵋一一諾之始閧然去嵋即集家人撿出其父署道時所存軍器分給之并人給披掛一副飯米一斗又犒以酒頃刻畢集立營于縣治之中旂幟金鼓取之舖户燈燭火藥取之庫中鈐析具陳隊伍成列培巖與衆紳過而閱之以其幼年能辨

此皆嘖〻歎服次日闔邑鄉兵齊集朽戈鈍戟葛褶紗衣市井雜流百醜具備嵋見之知其蟻聚無成遂縣中推嚴子張時子求為主嵋即籍所有人名器械交付兩公翩然到鄉不入城者六七日逃藩義陽王泛海至福山踞遊擊所為行宮以錢汝荊為錦衣掌衛加封胡水泥為侯嚴子張為兵部職方時子求為兵部都給事分統各兵胡駐虞山門之內嚴兵駐東門之外時兵駐南門之外各自立營不相統一又以王兆吉為吏部王喜慶為戶部蔣南陔為禮部歸裔興為工部分理六曹事俱有官無署虛設其名而已至于參遊守把車載斗量誥勅劄付每價廿金即嵋

家諸奴半已儼然官弁矣三日後忽遣太監賫蟒服鞍馬拜嵋爲都指揮先鋒左將軍嵋以年幼却之復以令旨授嵋爲監軍使嵋以病辭遂不入舊居之鄉移往蘇州之珍門涇以避焉頃之得兄仲翼書云大兵即日到縣隨遣人入城傳知各相知并奴輩移避到鄉七月十二日知大兵已至郡中嵋以中元節當一饗先祠遂於次早擕牲醴到家祭甫畢聞兵已至華蕩登舟出城回望南闕火光燭天矣六門俱奉胡泥水將令撤吊橋下門閘禁百姓出城逃難男女哀號震天適嵋之内父趙明止分守大東門嵋托於胡泥水處索得令箭暫開片刻放出大家女眷七八百

人嵋放船徧尋民船分頭渡訖即飛棹下鄉慰其母薄暮礮聲震地及曉而止天明後逃難者紛來廼知攻九萬圩清兵緣堞而上城中亦有內應胡泥水越城而遁滿城俱遭屠矣十六日聞兵已撤回放船入城人無隻影街衢河口惟屍骸縱横而已嵋家以兄投誠有號牌封鎖如故止一老奴蘇宰恃醉闖出被殺于誇塘橋之北次日傳集地方雇乞者擡屍出城每一屍給錢四十河内者雇船将十屍一連繫之船尾三日而畢逃難而歸者一城不滿百人昏夜鬼哭人號陰風悽慘廿二日新令洪一緯諭單到縣書吏皂快皆不見影縣丞陳初明贖得被虜人口内有

禮吏一名外招募五十餘人始得成文公座不幾日又有黄兵燒縣堂之事洪令逃至郡中愬撫提兩臺提兵再作屠城計陳縣丞匿於嵋家嵋與言此客盜非叛民也陳即以此言申詳嵋復囑郡中申氏昆仲説知撫臺乃不發兵但飭洪令另行擇日上任移署故紳陸羽民宅既城守錢叅將至搜捉薙髮兵丁四出幸陳縣丞係遼東大姓兵丁皆服其鉗束每家給示於門遂莫敢犯兵民始得相安焉

嵋自鼎革後絶意仕宦口不言世事友教四方以養其母同社諸子咸勸之仕嵋復之曰昨辱諸先生翰教以余學識兼優宜早圖功名垂芳竹帛不可奔馳四方閲世態之

炎涼此金石之論也然予之志非諸先生之所能測焉予先君以性亢直忤權勢掛冠家居俸不滿千産不逾萬予命不猶生于先君之暮年所有箕裘俱為諸兄之長者好俠蕩盡命之迍邅可知矣滄桑之後竊以先人世受國恩因矢志而絕功名之想邇年以來家貧母老所藉筆耕資為菽水之需由是四方之先生長者不以愚狂棄之而爭相延接非予之樂於奔馳也古人捧檄而喜志在乎親與予今日同一轍耳不然則予逍遥於長林曠澤之間嘯傲於花月煙雲之境胡麻可以為食莎草可以為衣豈特奔馳之苦可離而世態之炎涼亦何從而閲哉諸先生但知

予之才未察予之志也又為書戒其甥申莘民曰自古忠臣義士代不乏人然夷齊餓死首陽未嘗自稱忠義概向世人道之也以爾曾祖文定公為狀元宰相祖父叔伯俱以恩蔭科第受封誥之榮則尔之恥食周粟亦分中應得之事也然懷忠義之心而向人人道之則恥可之甚名臣子弟世復何限倘人人守義而自言之將使義士列傳多於二十一史乎吾祖先受三百年之國恩吾敢不守節以沒世但意中存此一念耳從來守義之士或高隱巖谷或埋名草茅或托跡於漁樵商賈佯狂終身嘯傲自適雖處世不同而矢志則一其間之無名史冊者有之泯滅無聞

者亦有之此在時之知與不知固非可自道而傳於後世
者也為知者道之則為沽名為不知者道之則易賈禍故
書此相誡唯三復而慮其後初嵋之婣婿申維久以易代
後隱居不出嵋與書曰吾大秉箕山之節堅首陽之志不
特令先祖含笑九京即先大夫亦服高尚之風矣弟年幼
無能蛙宿度日或耕或釣惟意所之不僅自忖世受國恩
亦天性之甘于貧賤也吾大與吾同志良可慶已但恐首
陽立脚不住反奔入終南山去耳後維久果以志節不堅
中乙未進士而嵋養晦林泉年六十餘竟以處士終
錢子曰程嵋生易代之時傾側兵燹之際計其年甫垂髫

耳而筆陣舌鋒叢蹤指使遂能如此其才有過人者使雪涕臨戎亦　王師之勍敵或革心翊運誠　治世之能臣已乃料蟻聚之無成則竄身草莽感國恩之已厚則守義衡茅雖年富力強坐甘廢棄卓識大節又豈可及耶乾隆癸巳之冬其四世從孫萃華以稚學編示余皆其年少書札稿也爲跡其事而傳之使無終泯滅焉

日本

日本古倭奴國也去中國甚遠四面皆海依山島為國邑其地東高西下東西數千里南北數百里其國以王為姓歷世不易有五畿七道以州統郡附庸之國百餘皆屬焉九州以西為首陸嶼以東為尾國城居於中間亦設官分職有從一位從二位大相國關白内大臣權大納言參議左右中辨大僧正諸名色而國事無大小皆關白掌之故自漢魏晉宋隋唐以來皆一姓也唐咸亨初更號日本明洪武四年遣使臣朝中國十年一貢由淛之寧波達於京師永樂以後皆受中國策封至嘉靖初有宋素卿之亂始絕貢路三十二年其國

挾忿入畿甸焚燒殺掠所過劫灰萬歷二十年大擧入寇且攻破朝鮮擄王子陪臣留兵屯駐釜山西生浦詭詞將邀中國策封其實有窺俟遼左天津之意自此中華沿海七省俱遭蹂躪入寇之路西北至高麗必由對馬島開洋西南至琉球必由薩摩洲開洋東北風多則至廣東東多則至福建正東風則至浙江之温州台州寧波錢塘諸處東南則至松江太倉或由南沙而入大江則至蘇州之常熟常州之江陰其對江即通州之狼山如臯揚州之泰州瓜步南風多則至山東之登萊南風猛則至直隸之天津奉天之遼陽大抵倭船之来中國恒在清明前後若過五月風自南来非倭所利

過十月風自西北来倭不利于行矣故明時防春者以二三月為大汛九十月為小汛其停泊之處焚刼之權若倭得而主之而其帆檣所向一視乎風實有天意存乎其間又倭所不得而主之也

日本國亦崇尚文學，余所見者有藤信篤所刻之孝經、物茂卿之論語徵、山井鼎之七經孟子考文、天瀑山人所輯之佚存叢書。其國誦習之五經，俱用古注，無所謂朱子集傳也。其外尚有林羅山、河世寧，皆有著述，則未見。

近日沈君萍香示余日本國人書數種，書人姓賴名襄字山陽，云是彼國致仕大僚，詩文書法為一時之冠。所書皆七言聯句也，有云：柳眼剪波春黛綠，桃顏灑汗宿粧紅。又云：歌聲怨處微〻落，酒氣薰時艷〻開。又云：殘陽渴閏来聰慧，日添行許屢拳。又云：花鳥縱　期向後，流年豈返老来身。又云：珠顆形容隨日長，瓊漿氣味得霜成。又云：便採孤叢秋露種非肴五柳曉雲孫又云叩凍貢來寒谷月拂霜拈畫驀山雲又云野寺訪僧歸帶月芳林攜客醉眠花味其詩意能用心思結撰以對仗為工者筆法亦圓轉流麗絕似二王雜帖兼松雪思翁之法長海外人如此好學者惟朝鮮琉球堪相伯仲他國之所不及也

日本國佚存叢書目録

佚存叢書日本國新出余初見時不過三集旣而復有四集近則有五集六集矣其命名佚存者本歐陽永叔日本刀歌徐福行時經未焚佚書百篇今尚存句也刻書者為天瀑山人不著姓名稱中華為西土紀年曰寛政十有一年又稱文化五年又稱享和三年蓋彼國亦屢換年號也所輯之書雖無甚新奇闕者俱多而海外夷人亦能右文稽古抱殘守闕亦奇矣哉

第一集 衔命將辭國非才忝侍臣

古文孝經孔傳一卷 漢孔融傳

五行大義五卷 上儀同三司城陽郡開國公蕭吉撰

臣軌二卷 唐武后撰賈行注

樂書要錄三卷 原十卷闕七卷 唐志

兩京新記一卷 唐韋述撰原五卷闕四卷

李嶠雜詠二卷 唐李嶠撰登仕郎守信安郡博士張廷芳撰序天寶六載

第二集 天中戀明主海外憶慈親

文館詞林四卷 唐中書令太子賓客監修國史弘文館學士上柱國高陽郡開國公臣許敬宗等奉勅撰原一千卷今存四卷

朱文公感興詩一卷 門人蔡模注附武夷櫂歌注一卷

泰軒易傳六卷 宋清源李中正伯謙撰

左氏蒙求一卷　元吳化龍撰戴表元序

第三集　伏奏違金闕騑驂去玉津

唐才子傳十卷　元西域辛文房撰

集注難經十三卷　盧國秦越人撰呂廣丁德用楊元操虞庶楊康侯注解

第四集　蓬萊鄉路遠若木故園鄰

古文蒙求三卷　唐安平李瀚撰注饒州刺史李良進表趙郡李華序

玉堂類藁二十卷西垣類藁二卷　南宋崔敦詩著附録一卷乃其歷官制藁及祭文挽辭

第五集　西望懷恩日東歸感義辰

周易新講義十卷　宋龔原深甫撰鄒浩序

第六集 平生一室劒留贈結交人

宋景文公集卷 原一百五十卷今存三十二卷内殘闕十

題日本人所著離屋集初編後

日本在東海中自古博通文翰見于新唐書長安元年眞人粟田來朝粟田好學能屬文進止有容賜宴於麟德殿授司膳卿開元初復來朝請從諸儒授經詔四門助教趙元默即鴻臚寺為師貿書以去其副朝臣重滿慕華不肯去易姓名曰晁衡歷左補闕秘書監多所該識及還尚書右丞王維翰林學士李白俱賦詩送之趙宋時僧奝然八人又來朝識文字詔號圓通大師有詩集載宋史藝文志其所由來久矣道光□□歲有客自長崎來云從黃泉上人處得其友鈴木朗叔清氏所著論說序文見示僅二十篇名曰離屋集初編其

文質而贇有先秦兩漢之風朴而華無唐宋八家之習蓋未經前代之書也余讀之乃歎曰我　國家稽古右文漸被四海日本雖未奉正朔而與兩浙江南最近其所著書亦稍〻流入中華如物茂卿之論語徵山井鼎之七經孟子攷文皆以經學脩明稱于一時洋〻哉固大國之風也乃賦一詩題于卷首語〻尊周孔言〻法老莊豈知瀛海外亦有大文章尚志申名論通禪介佛堂梓成應寄我留得姓名香

雍正中吴荆山士玉官禮部侍郎安南國王黎維祹奏稱本國奉貢使臣從前稱正使副使自明嘉靖間賊臣莫登庸竊國降封都統司始變舊例稱陪臣今蒙 恩襲王爵可否請去陪字士玉議奏謂列國之大夫入天子之國自稱曰陪臣謂其君既稱臣矣則其臣自應稱陪臣不敢僭擬於其君也我 國家臣服中外凡奉貢来王之使俱稱陪臣安國南豈得獨異乎又暹羅國貢使徐世美進馴象欲為國王置買銅罷廣東撫臣為之請士玉議奏謂外國鬃[illegible][illegible]收買違禁等物明載會典今所請者與例不符宜防其漸不可許也兩奏脊荷 俞允

乾隆中有澳門夷人羅嚀以鬭毆傷內地民人同知富某按名索犯須目藏匿之求愈急夷人遂持械發鎗礮以拒事聞制軍昭信伯李公〻曰剛則激變柔則失體非僨事即釀亂矣今府廳州縣中意惟香山蔣令能辦也蔣奉檄扁舟抵澳門廉得其情忽出計得兇犯乃名其頭目而諭之曰方今　昇平盛世年豐物阜爾等優游耕鑿仰事父母俯育妻子其樂何如倘汝自作不靖干犯有司以至陷于死地妻離子散家破人亡其苦何如爾等宜三思之頭目感泣遂以渠兇抵法而夷人悅服生以無事至今稱蔣君有良吏才蔣名曾炘蘇州人乾隆庚辰舉人歷官湖南

長沙知府

石魧川

蘇城石魧川嘗販買人參至瀋陽往来二十餘載乾隆丁亥冬自南金州航海南回遇颶風飄兩晝夜至一山柁工曰此高麗山也若進此山舟必覆乃竭蹶折而南是夜風愈甚又漂泊一晝夜又見一大山浪高風厲檣傾帆折一舟號哭萬無生理是時舟人已不食三日矣日晡時風少定竟得生回次歲冬又於大洋遇風不能停泊海上忽湧大山日色照耀其光閃鑠海水震盪自遠而近柁工大驚曰[illegible]至矣乃於船頭撒米倏然而逝須臾又見檣帆林立以百計折而擊水驟若暴雨柁工曰此蝦鬚也倘擊舟

立碎矣則又撒米舟中人合掌咸誦觀音經而蝦又逝是夜風靜山始能收島其明年於蓋州登舟而南至鐵山洋遇大風舟行不得其道飄蕩四晝夜將抵福建幾覆者屢矣萬山如牙魚龍出沒乃由台州之海門島登陸而歸辛卯之歲又從瀋陽行三千餘里至寧古塔其間石徑崎嶇風沙蔽目過閻王別子嶺忽見山崖絕壁上有一虎踞坐俯視過客行至巖下虎張口欲撲人幸相去懸絕過而回顧此虎猶眈眈相向也甲午歲至吉林早行萬山中天尚未明見前有二燈忽明忽滅漸逼馬首馬驚躍不前諦視之虎也乃與御者狂譟虎竟掠馬尾而過丙申歲舟行

山下夜已深將攀舷而如厠見昏黑中又有二燈焉呼舟人鳴金而燈光照處陡起鑼鼓聲逾時息（不知何怪）至于宿山店時邊風四起山鬼聚嘯虎尾叩門習見~~習~~熟聞不以為異子鈞字遠梅嘗隨父遠遊度白沙青石諸嶺登梓潼門海中眺望晚度山海關俱發之吟咏有清素堂詩集

西藏紀程

吾邑蔣公陳錫總督雲貴時奉　旨往西藏巡邊青浦杜昌丁從行録其紀程云康熙五十九年十二月十六日由省城啓行至次年二月始出塞行七日至拖木郎始有人出萬山中忽見平原曠野㹖猔数家不成村落屋用全木横疊四面為墻高可数丈中開一穴為門下畜牛馬上居人獨木鑿齒為梯以便上下最上供佛或亦居人其俗男子披髮跣足衣牛絨衣名拉卮女子名阿克幾頭多細辮珊瑚瑪瑙硨磲玳瑁以及銀錢銀虎之八[illegible]着辮上賤者無飾或穿紅牛皮靴貿易者皆女子負戴語言不通次日浴於温泉其水頗熱旁有数家婦女伺人浴必

蔣而觀之張幙以避群然大笑行二日至大中甸番名結党出塞外部落有營官番名喋巴有喇嘛寺大喇嘛一人喇嘛營官二人與喋巴相見以頭相並言敵體也其下喇嘛數百皆偏袒右臂紅氆氌為衣念經則宰牛羊進香人至嗚角伐鼓以迎之以糌粑麩菓蔔萄菓珊瑚菓為供米飯加飴糖席地而坐坐前各置小几高可尺許佛像莊嚴與中國略相似最重歡喜佛躶體交媾禮拜者皆進嗒荅（嗒荅譯言手帕也）以下見上用此為贄如中國之手本名帖也喋巴之下有木瓜神翁頭人等名色居民二百餘戶皆板屋蔣公至營官喇嘛皆遠接俯伏道旁遞嗒荅進酥油茶前引至舊營官三舅家住時積雪封山往来絶斷暫

駐中甸僱覔騾馬一百六十頭夫四十名到藏馬每匹四十兩夫每名二十四兩立文書名姓為憑俟雪消起程居数日陰晴不時地多雪瘴飲陰泉之水者皆喘急手足觸雪即墮蕉傷目其地之犬高者数尺形如虎一嚙人便無生理此狜猔所畜者其風俗凡人死者有葬法四一曰土葬將尸砌壁間一曰火葬焚其骨投山崖中一曰水葬投之大河一曰鳥葬剖其肉置山崖以喂鵰鶚尚巫不尚醫有打鬼法有捕捉法每逢朔望群呼唵嗎咪叭嘛吽其俗如此六月初二日自崩子欄啓行上小雪山[illegible]山綿亘二百里不甚高有樹木不生艸亦無人烟水不可飲飲則喘急有白蟒能興雲霧降雨雪觸其氣即病過者皆銜

袚疾土人少則晴朗如常若一喧雜便雲霧四起必遭其毒初六[illegible][illegible]片大如鵝毛途中所見花四時皆備多中國所未有者一種似菊而小花五色葉如芝蔴番名鶴来容塗容塗譯言花也鶴来則不得其鮮廿三日渡金沙江瀾滄橋時石屏牧劉浩度以委查頓置阿敦請蔣公乘輿過橋不聽傒江畢令二童扶掖而前余杖策以從劉牧隨焉橋濶六尺餘長五十餘丈以牛皮縫餛飩数十隻（餛飩應作渾脱）竹索数十條貫之浮水面施板於上行則水勢盪潄掀播不寧盖其江在大雪山之陰雨則水漲晴則雪消故江水奔流無息時舟筏不能存橋成即斷土人繫竹索於兩岸以木為溜穿皮條縛腰間一溜而過所謂懸渡也俗

名溜筒江時畏竹索之險故駐崩子欄兩月餘以俟修橋之成也是日巳刻水高於橋二尺餘波浪衝激蔣公幾至傾覆賴劉牧扶掖得免余雖不至傾跌而水已過膝矣過片刻橋即衝斷墮水三人一以足指掛索得生餘則無從撈救矣生者昆明兵丁楊嘉祥素馴謹死者乃麗江麼些造橋一近役也人馬行李皆從竹索過三日始畢渡江為黑喇嘛所管地更寒苦所食惟牛羊糌粑若米飯菜蔬魚肉不可得矣廿七日蔣公祭雪山廼邐而上巉巖怪石崒嵂崚嶒無一步可以循堦歷級者用爬山虎[illegible][illegible]附葛而上馬四蹄不能竝立斃者無算其地無艸無人〔烟〕水聲徹夜如雷樹木參天輒數十里皆太古物也行五十里

稍平處宿帳房廿八日又上高峯四十里至山雲塞空對面不
辨[illegible]移時始開至山頂平處宿險處較前更甚不特中華未有即
塞外未之見也廿九日又上廿里至最高處萬山皆在足下土
人云自木魯烏蘇而南綿亘數千里至緬甸揷入南海高莫可
比乃天地間之脊也自此而西山勢層疊漸下直至拉徹拉徹
者即西藏之中藏也元人有岡脊黑水辨以此為脊東瀾滄西
怒江皆滙諸小水南流至緬甸出海者禹貢雍州黑水之上流
也弱水在類五齊去此千里崑崙三危皆其地山巔皆為雲所
封晴時盖少遥峯積雪冬夏一色四月至八月僅消大路之雪
九月以後即封山矣下六十里至坡脚河邉宿閏六月十八日

至察瓦崗營官數十里外皆来遠迎服飾偉麗侍從甚多俯伏道旁獻茶果問風俗則重譯始通先是營官聞蔣公至遣人修道至壩臺相近地及抵境邀至署中屋廬雄壯法令森嚴懸人頭手足無算以示其威其俗犯法應誅者投喇嘛寺即免中甸等處皆然廿五日至崩達蔣公謂余曰君捨身見送高義可感然吾之身君之身也雖死奚辭君之身親之身也未敢相累且君復何罪而受此艱苦乎深入番地数千里不為近矣一載相依不為暫矣且君子相交以德相接以義至此不返徒令吾不安[illegible]早歸以慰倚閭之望也遂决計東歸廿八日添僱車馬裕行自此以西五百餘里無人烟盛夏如隆冬名雪壩山凹間

有黑帳房以牛羊為生数萬成群見漢人即出盜馬所謂夹巴也盗贼名所從兵丁多道死牛馬死者亦無算遥見雪壩中白骨纍纍殊令人有兎死狐悲之感焉七月初五日至馬里衣女子掛硨渠瑪瑙戒珠各一串着半臂有殊色者亦復窈窕可憐宛然江南風景也初六日至曉葉桑宿譯言鵲橋也有大木橋長四十餘丈今名落龍橋下即怒江水深黑煑飯皆黑色相傳即博望侯乘槎見牛女處十一日束裝將别送蔣公至河邉公無一言見囑揮淚不忍仰視侯去騎已遠然後跨馬而行所僱牯猔四五人為僕從語言不通惟含意指揮而已十月初一日回雲南省城十二月十三日抵家其明年冬始聞蔣公凶耗竟未抵西藏而卒回思往事萬死一生不知涕淚之横集也

登樓雜記

一朝文集

文章關乎運會一朝有一朝之文章其為總集者如唐文粹宋文鑑元文類明文粹明文衡各有專書　國朝右文稽古著作如林康熙中葉嘉興李畊客徵君有　皇清文緯乾隆末年湖南謝薌泉侍御有　國朝文滙俱未成書又吳門吳枚菴有　國朝文鈔亦未全也近日選家林立必有裒輯之者嘉慶二十年　欽定全唐文既成而揚州鮑君崇城復為集錄三古八代之文二千卷吳山尊侍讀為之校勘近吾邑張月霄又集錄全金文一百二十卷友人顧少卿又選南宋文鑑三百六十卷接續呂東萊之後彬彬之盛哉真千古以来

所未有也

四庫全書

高宗朝開四庫全書館收羅天下藏書如歙之鮑士恭汪啟淑鄞之范懋柱揚州之馬裕四家進呈者為最多江浙二省藏書處揚州則有文滙閣在天寧門外之大觀堂鎮江則有文宗閣在金山寺右偏杭州則有文瀾閣在聖因寺後余皆親至瞻仰閣凡三層俱置書用楠木作函貯之經部用綠色絹面史部用紅色絹面子部用玉色絹面集部用藕合色絹面書上下皆用楠木板兩片夾之貯函中不傷不蛀其藏法寔有勝于永樂大典亦千古以来未有之盛事也

述祖德堂

周禮疑異

吾鄉王晉川先生會汾中乾隆丁巳科進士官禮部侍郎生平著作經學最深著有周禮疑異六卷專攻鄭注賈疏之失未及板行而先生沒矣今問其後人無有知者吳門吳枚菴鈔有副本

春秋左傳地名考

古人讀書必曰左圖右書故讀書者必驗於圖而圖以地名為重蓋山川道里古今不易沿革廢置古今不同若不詳古某地在今某所雖讀萬卷書不過一褌中蝨耳余族兄嘯樓名俊選於書無所不窺而尤邃於輿地之學實吾鄉顧景范

後一人也著有春秋左傳地名考十二卷余齋中抄有副藁
嘗求阮雲臺先生序之嘯樓之意欲自皇古以來以迄二十
一史之地名通爲長編乃年齒已長無力輯成急自收拾僅
成此書亦可慨矣

籟記

陳新蔡王叔齊作籟記世無傳者余在族兄嘯樓齋中見之是虞山湘靈先生手鈔本乃為重錄乾隆己酉歲老友鮑以文來吳門時正刻知不足齋叢書遂以錄本為贈刻入第廿四集中所記天籟地籟人籟凡三篇其文仿楚詞九歌如霽客之寒起寡婦之夜哭讀之令人墮淚新蔡王陳書有傳

入秘書廿一種中其所稱山墳天皇連山易氣墳人皇歸藏易形墳地皇坤乾易謂之三墳也但每卦止解一句而無通卦解釋又但言聖功而不分為山為氣為形之用既不註吉凶又不辯明君臣民物陰陽兵象等為周易之何卦使讀者

茫然了無所得或以為六朝人僞書先君子養竹公一生邃於易學旁搜博採中年得三墳讀之深有會意以為連山舉一物以該百物歸藏舉二氣以推百氣坤乾舉衆形以審萬形觀物審氣觀氣審形由形察氣由氣辨物而理在其中矣

兵書

兵者聖人不得已而用之又曰兵可千日而不用不可一日而不備雖太平之世豈可廢乎一日余偶披閱戚少保練兵日紀適客來見之大驚曰子何為而閱此書是禁書也余則大笑曰君何所見之不廣也　本朝乾隆中開四庫全書子集内載有兵家言二十餘種此亦四庫中書以為禁書而不

可閱乎因檢提要示之客始愕然

五代史記補注

歐陽修五代史七十五卷昔人謂其直接司馬遷然禮樂刑政典章制度皆闕而不詳惟列司天職方二考鄭漁仲嘗譏之雖有徐無黨注散見於本書亦不過寥寥數語或疑是歐陽自撰而託名於其甥徐無黨者也按徐度却掃編李心傳建炎以來朝野雜記周密齊東野語及癸辛雜識並言劉道源子義仲作五代史糾謬又言范季才作五代史記正誤而王明清揮麈錄又言蜀人吴縝作五代史糾謬蓋與劉氏別爲一書今惟吴書傳世當時亦必見此書而亟採以勘歐陽之失真門戸之見也

本朝康熙中崑山徐炯嘗欲注之朱

竹垞檢討為序，其書不傳。後竹垞自欲為注，屢見於曝書亭集，亦未成也。其時薛史未出，惟採集羣書，茫無頭緒。至乾隆中，高宗純皇帝開四庫全書館，閣諸臣始從永樂大典中錄出，不遺一字，乃有眉目。於是故相國彭文勤公元瑞為之補注，詮釋排比，取薛證歐，徵引極博，而終未卒業也。嘗賦詩寄胡殿撰長齡、阮宮保元、劉侍郎鳳誥云：少時注意歐陽史，七十三年未得成。門戶雖然麤構架，庭階尚乏細經營。飄零莫遺隨殘葉，佽助終當賴友生。幸有三公舊同志，為余緝業定刊行。文勤所自定者，惟有諸帝家臣傳至六臣傳十六卷，而病卒矣。餘五十八卷，聚一巨篋，所採宋人書籍二百數十種皆納其中後劉侍郎扵嘉慶八年典試山東又得竹垞手抄宋元明諸家書百餘種一一詳校始竟厥功前後已三易稿矣侍郎卒後道光八年李鹿苹制府總督粵東時乃為刻板其中誤字誤句及所引各書顛倒錯亂處尚當校正焉

鐘鼎款識

案鐘鼎款識石刻始于宋劉原父敞先秦古器記而薛尚功繼之明時石刻旣亡遂模刻于板本至宣和博古圖嘯堂集古錄及近時阮雲臺制府積古齋鐘鼎攷諸書則皆以板本流傳不復知有石刻本矣

述祖德堂

札樸

曲阜桂未谷大令馥博極群書自六經諸史象緯輿地財賦河渠算數歷律與夫六書聲韻方言風俗之類罔不根究其原委剖析其疑似所著札樸一書有六種曰温經曰覽古曰匡謬曰金石文字曰鄉里舊聞曰滇南續筆共四十二卷未谷于嘉慶元年出宰雲南路過杭州時阮雲臺尚書方為浙江學政曾邀未谷及江墨君與余四人同遊西湖題名表忠觀自此一晤後遂沒于雲南臨沒時將札樸屬其同寅李柯溪少尹帶回江南並轉乞吴江翁海邨為之序未谷之與海邨素未識面也後柯溪託鮑以文刻之知不足齋叢書惜未

谷之不及見矣

吾妻鏡補

吳江翁海邨名廣平世居平望鎮學問淹博著書甚富惜家貧奔走無定既不能刻又無暇鈔錄編纂成一家言甚矣哉寒士之苦也今記其目于後聽鶯居文鈔三十卷文二十卷詩八卷集唐一卷年譜一卷金石集錄七百卷錄目七百卷題跋四卷吾妻鏡補三十卷平望志二十卷六書精義十卷平望詩存十六卷續松陵文獻三十卷海邨詩話十卷翁氏文獻十卷

余少時嘗學琴至於精神寂寞所購琴譜甚多五知齋澄鑑堂太古遺音其最著者所譜之曲若漢宮秋雉朝飛鳳求凰泣顏回之類詞句拖踏牵拙不通實是琴師隨意填補非古曲也惟虞山嚴天池所著松弦館琴譜最為有理刪去繁音歸於雅正但存指法並無曲文深得古者有聲無詞之義試問琴為伏羲所作其時尚無文字則誰為之曲耶今海內學琴者皆以虞山派為正宗國初之徐青山亦傳其學按明史及府志天池名澂為嚴文靖公子嘗官福建邵武府知府

全唐文

嘉慶二十年奉　旨刻全唐文一千卷開局于揚州主其事者爲鹺使阿公厚菴司纂者數十人皆一時名宿凡費白金四十八萬兩越兩年而成其板甚厚計二萬二千七百五十四塊藏運司庫中自刷印進　呈後鹺務日窮此板遂廢棄不復印矣

不自棄文

宋元以來有不自棄文大約爲訓誡子弟而作言人不可自暴自棄也嘉慶二十三年　仁宗嘗以問南書房翰林誰作此文莫有對者余以意度之其文中有房杜子孫倚其富

貴嬌奢云云的是唐人文章或云是權文公然文公集中不載元趙松雪最喜寫此文有大小兩本齊梅麓太守家有墨蹟絹本余曾鈎刻之入抱沖齋帖

河干問答

陳法號定齋貴州安平縣人康熙五十二年進士乾隆初官山東運河道調江南淮揚道親視隄工熟為籌度著河干問答一卷極論黃河南徙與夫二瀆交流之害分黃導淮之難並論河決之由如數掌紋人人知其為害有不可言者如能行變通之法則其利無窮復以濟運調劑之宜諄諄言之終之以辨惑論補偏救弊確有可信而治河之道備矣乾隆九年相國孫文定公嘉淦嘗以其書呈之　高宗皇帝留中不發其明年秋調直隸大名道事遂寢著有易箋八卷已採入　欽定四庫全書又著明辨錄醒心集若干卷法嘗自言

治河之事，知之者固難，行之者尤難，即或知其實當如是，起而行之，非大英豪不能任，即荀子所謂有治人無治法，孟子所謂徒法不能以自行者也。其議論如此，余嘗録其書，後世必有行之者。

張介侯

張澍字介侯甘肅武威人年十五中式乾隆甲寅鄉榜嘉慶己未成進士授庶吉士年才二十耳散館得知縣歷任貴州四川江西知縣於書無所不窺尤邃於經學著作如山真奇士也著有毛詩故四十卷禮記權衡六十卷春秋定一百四十卷小序翼十卷姓氏五書二百卷五涼舊聞一百卷蜀典三十卷說文異同十卷說文引經考正十五卷愛日齋日記二十卷纂集漢魏逸書三十六種皆關隴人著共四十二卷南征記十八卷續黔書十三卷慎戰書二十卷諸史決疑十二卷鶉野詩徵一百五十卷咫聞錄二十卷文字指歸六卷

天山草堂詩文集共八十餘卷其餘尚多未經録出

武虛谷

武虛谷大令名億河南偃師人乾隆四十五年進士授山東博山縣知縣時大學士和珅聲威正盛以聽妾人言山東逆匪王倫尚有餘黨和時爲步軍統領密遣番役杜成德等十

餘人蹤跡之遂横行州縣入博山境手持鐵棍莫敢犯者虛谷悉執之每人杖四十叩頭而去巡撫某公聞之遂叅劾以任性濫責平民罷官而不直書其事嘉慶四年春和相既死有詔諭九卿科道於京外各員内有操守端潔才猷幹濟及平日居官事蹟可據各舉所知有保奏虛谷者詎虛谷先一月卒矣年五十有五虛谷博通經籍尤邃于金石遺文有經讀考異羣經義證三禮義證讀史金石集目授堂金石跋語錢譜并授堂詩文集凡數十卷余于乾隆五十三年在汴梁與虛谷晤於申鐵蟾明府坐上遂以金石相切磋别去後不復見之矣

賢母

乾隆中常熟西南鄉有席序常者名永仁少孤母夫人瞿氏教育之比長善揮霍好賭博一擲千金不顧也瞿泣曰此敗子也與其將家産輸諸豪俠寧若將家産施諸貧困遂取所有良田三百畝盡捐入本邑之養濟堂嗣序常娶婦後既無産業可倚終日坐卧不言乃自誓戒賭博撙節持家糴賤販貴不三十年造大宅一區購良田萬畝窮奢極欲爲邑中富翁其子某以貲爲郎歷官至貴州安順府知府孫二人長汾號竹舟以舉人官山東知縣次濂號文川以議叙官山西知縣嗚呼若瞿母者可謂女中之豪傑能令敗子回頭實欲挽

回造化雖古之烈丈夫何以加諸真賢母也

小癡紀事

吾宗有小痴者名絢浙江慈溪人出遊四十年終無所遇常隨嘉勇公福康安自四川成都府起程出打箭鑪至聶拉木大營計程一萬二千餘里其間番夷種類不一小痴從事軍營能上馬殺賊頗歷山川形勝所著有西征記畧如裡塘巴塘察木多拉里西藏布達拉及西藏附近各部落其間山川道路風俗人情記之頗詳真奇筆也余嘗攜在行篋一日唐陶山觀察見之遂借去刻入傳疑中

野史

明季野史甚多，乾隆中葉俱經奉　旨銷毀，要以　欽定明史為正，然不可不存其目。如吴偉業之綏寇紀畧、鄒漪之明季遺文、温睿之南疆逸史、李天根之爝火録、汪有典之史外，此皆兼紀三朝事蹟者。夏允彝之幸存録、文秉之甲乙事案、許重熙之甲乙彙略、李清之三垣筆記，此皆紀南渡事者。顧亭林之聖安本紀、黄宗羲之宏光實録、又李清之南渡録，此專紀宏光事者。又黄宗羲之行朝録、錢秉鐙之所知録、瞿文昌之天南逸史、劉湘客之行在陽秋，此兼紀宏光永歷兩朝事者。又有專紀隆武事者，則有閩人思文大紀是也。有專紀永歷事者沈佳之存信編魯可藻之嶺表紀年劉湘客楊在綦毋邃之象郡紀事馮甦之劫灰錄又南粤新書粤事紀畧鄧凱之滇緬紀聞滇緬日紀是也有專紀一人一事者應廷吉之青燐屑史德威之維陽殉節始末袁繼咸之潯江紀事又無名氏之北使記康范生之虔事始末又無名氏之乙丙紀畧徐世普之江變紀畧章曠之楚事紀略沈荀蔚之蜀難叙畧楊在朱容之吳藩亂蜀始末武岡播遷始末孫可望之脇王始末犯闕始末安隆紀事鄧凱之遺忠錄求野録馮定遠之過墟志感無名氏之虞山妖亂志是也又專記魯國事者黄宗羲之魯紀年四明山寨記舟山興廢記日本乞師紀

馮京第浮海見聞紀畧是也共四十餘種其間紀載之詳略年月之先後是非之不同毀譽之彼此亦歧異雜出不倫近日在清江節署見張河帥案頭有明季十家集一曰東明見聞錄二曰行在陽秋上下卷三曰粵游見聞四曰揚州十日記五曰嘉定屠城紀畧六曰求野錄七曰吳耿尚孔四王合傳八曰青燐屑九曰幸存錄上下卷又續幸存錄一卷十曰也是錄又明末五小史一曰福藩三卷二曰唐藩三卷三曰唐王聿鐭四曰魯藩五曰桂藩四卷又見有陳霽生之再生錄文震亨之宏光大事記皆所謂野史也

爝火録

李天根原名大本吾鄉嘯傲涇人詩人芥軒先生崧子家兄柏溪之太岳也生平無妄言疾行硜硜自守人有冒其名具呈當事者天根知之曰汚吾名矣遂易之以字行著有爝火録八十餘卷所録者自明季李自成起兵之日至 本朝平定三藩四十年中之事皆手自鈔録較明史紀事本末暨明季遺聞三藩紀事諸書尤為詳備令其子孫式微匿不肯出惜哉

詞曲

乾隆辛丑歲有　旨脩改古今詞曲發兩淮鹽院辦理其時同為校勘者則有王文治黃文暘焦循程枚李斗淩廷堪諸人閱一年始竣事脩改既成文暘著有曲海二十卷乃知古今傳奇汗牛充棟焦循又有曲攷總目一卷合元明　本朝計一千零十有三種而雜劇不與焉

叢書

叢書之名濫觴於百川學海而漢魏叢書繼之自此刻者紛紛遂遍海內承德孫氏刻有問經堂叢書石門顧氏刻有讀畫齋叢書歷城周氏刻有貸園叢書德州盧氏刻有雅雨堂叢書仁和王氏刻有檀几叢書平湖陸氏刻有寄晉齋叢書新安張氏刻有昭代叢書涇縣趙氏刻有涇川叢書海寧吳氏刻有愚谷叢書陽湖孫氏刻有平津館叢書揚州阮氏刻有文選樓叢書近日本國亦有佚存叢書即四川李氏之涵海南滙吳氏之藝海珠塵虞山張氏之學津討源皆叢書也

營造法式

宋熙寧中有通直郎李誡字明仲者著有營造法式三十四卷有石作瓦作大木作小木作泥作磚作竹作窑作雕作旋作鋸作綵畫作諸名目紹興間所刻今無其書矣於飭材庀事辨器興建各工能羅括衆說博洽詳明直齋書錄解題謂其可以超越喻皓木經者也相傳絳雲樓有此書後錢遵王述古堂所得有影抄本近虞山張芙川上舍家又為重抄其中有木作圖樣二卷甚精此世間稀有之書也

平復帖

晉陸機平復帖真蹟計九行八十四字有徽宗標題及宣政諸印董思翁謂右軍以前元常以後惟此數行為希世之寶 國初梁蕉林相國曾刻入秋碧堂帖者是也其墨蹟舊藏 內府乾隆三十年閒○○皇太后取以 賜皇十一孫即成親王也故王以詒晉名齋本此後成親王刻模古帖十卷亦以此帖為冠首云

范文正公神道碑

范文正公神道碑歐陽永叔撰文元徵士杜本隸書卷首有宋仁宗御篆褒賢之碑四字按歐陽公是碑撰於皇祐

四年令碑與原文不合此忠宣公刻石時所删也後有杜徵士跋稱忠宣刪是文亦欲少全國體而暫免紛紜惜跋已殘缺莫窺其論斷之旨耳此卷墨跡本藏范氏遺失久矣嘉慶己卯長洲蔣篆香上舍得之玉峯書肆歸于文正後裔緗芸學博余從緗芸齋中見之

貫休羅漢

康熙間吳門汪退谷先生家有十六羅漢像貫休真蹟也忽爲僕人竊去質於東城某家得十六金越數月質庫主人患病久之不愈先是對門鄰人每早五更時見有頭陀十餘人入其家鄰怪之問其閽人曰不知也次日閽人宿

鄰家俟至五更時果見之遂告其主或謂某日有汪氏僕人來質羅漢像此其怪耶遂將原物送還汪氏尚未知也後汪氏亦不自寶送禅興寺佛樓供奉至今存焉（僅存十四幀矣）

清明上河圖

宋張擇端清明上河圖原本為婁東太原王氏舊物後歸北平孫退谷硯山齋其高不過七八寸許長三丈餘第絹素毀裂難於裝裱有宋元人題跋二十餘人余曩於畢秋帆尚書家見之後為豪貴所奪入　内府矣又一卷乃禹鴻臚筆其卷首先有綠楊千樹桃花數株古墓壘壘松楸鬱然有祭掃者一老奴持鍤填塚一童子取火焚帛青煙

一縷直衝松頂中有一白衣婦人掩袂而泣殊哀艷動人以點清明景象自此便登大道行人漸多直接朱仙鎮則千檣排列萬民輻輳樹木樓臺牛羊犬馬雜閙於攢人之中九流三教百工技藝復參錯於坊巷之外一時應接不暇直到汴州城門鋪戶齊開行人愈密有貴戚大臣騎馬乘車而出入畿輔者有旌旗導前騎卒擁後往來於街市者又不知幾千萬人摹擬百端細逾毛髮形容酷肖幾無剩意儼然一帝皇之都其宮闕之巍峩殿廷之華麗若非人世所有大內之後艮嶽在望石色蒼然一水縈洄萬花環繞西望嵩高若有若無掩暎于白雲翠靄之間雙鶴橫

空翱翔天際，真化工筆也。

吴道子大士像

嘉慶甲戌，余遊高郵，與修州志，偶于天王寺中見唐吴道子畫觀音大士像，身長八九尺許，人無知者，自伊墨卿爲揚州太守時，始爲題識，因是知名，當爲真蹟。

惲南田畫屏

雲溪外史南田翁畫當爲　本朝第一筆下殊有仙氣似不食人間烟火者南田父壽嘗臨宋元各大家山水十二幅絹本高六尺許濶一尺五寸爲生平傑作家黼堂侍郎爲江蘇學政時嘗借觀留於院署者十餘日余適至澄江亦曾一見今藏武進西門外西灣謝石泉家石泉名滋晥官中書舍人

淳熙秘閣續帖目録 附

淳熙秘閣續帖原搨本今世絶少往年在孫淵如觀察案頭見兩卷近復在斌笠耕觀察案頭見四五卷皆不全本也陽湖趙季由太守得明人雙鉤本六卷首尾尚完善今記其目第一卷王右軍樂毅論不全本又黄庭經後有昇元三年建業文房之印又王大令草書洛神賦第二卷唐明皇批荅裴耀卿等奏狀後有内府圖書之印及紹興小璽第三卷唐歐陽詢孔貴嬪帖又虞尚帖後有米海岳書賛又唐蕭瑀歲旦偶成長句又唐褚庭誨書又唐孫思邈書又唐狄仁傑書又唐張長史率意帖又唐顔真卿書祭

亡伯豪州刺史文並送劉太冲序第四卷唐李陽氷篆書廿六字有京兆韋處厚記又唐李德裕書又唐畢諴書又唐李商隱書後有會昌癸亥花縣東軒爲令狐公子書九月十九日三行第五卷唐李白書又唐胡英書又唐李邕書又唐白居易書第六卷唐張九齡告又唐李紳告其後有高宗御筆及御書之寶每一卷後俱有淳熙十二年三月十九日奉聖旨模勒上石字樣與石刻鋪敘所載者大同小異

曾波臣傳神

按續圖繪寶鑑曾鯨字波臣善畫人物爲明季傳神第一當時大人先生畫像皆出其手張生恂哉嘗購得王文肅公錫爵與其子緱山太史合卷題曰訓子圖庚辰秋日余在林午橋司馬齋中見董思翁與陳眉公合卷二公皆龐眉皓首畫上雖無年月必在崇禎初年亦波臣筆也曩時又見松江沈氏所藏思翁八十七歲小像與司馬齋中卷骨格相同但無樹石點綴耳

明人尺牘

明人尺牘藏者甚多往時在畢秋帆尚書家所見者計廿

四冊在吳盤齋大令齋中所見者計四十冊捴不如家籜石侍郎所藏爲最精自二沈三宋劉誠意基王文成禕起直至史閣部熊經略輩計三十二冊最爲大觀北平翁覃溪先生督學山左時亦得一巨冊有吳寬王鏊謝遷李東陽李應禎楊一清沈周唐寅文徵明祝允明毛澄陸深金琮王寵陸子孝袁尊尼等十六人幅幅皆精後有詹東圖方康侯二跋亦妙品也近嘉禾吳思亭文學將刻有明一代尺牘尤爲備焉

天下名山圖

沈石田天下名山圖曩在畢秋帆先生家見之石田翁一生遊歷之所如東西兩嶽嵩髙衡山峩眉太白終南西湖錢塘天台鴈宕四明五洩九華黄海皆萃其中每一幅後必有長題俱石田親筆也

金瓶梅畫冊

金瓶梅畫冊十二本共二百幅其畫中之山水人物花木居室及一切器用舟車轎馬帷幃玩物筆硯肴饌珍禽奇獸之屬無不畢呈于前而男女之裝飾房帷之細事至於嘻笑怒罵奸盗邪淫情狀亦無不逼肖也相傳爲前明仇

十洲所畫尚有唐解元題跋今不存矣舊藏吳中一富家為後人質于青浦席氏收藏四十餘年忽為其壻竊去乾隆甲辰歲有某中翰取以送和相己未年敗事後此冊遂流落民間笠耕使君未弱冠時偶於肆中得此已殘闕過半又於友人處續得數十番仍闕三十頁又倩吳中名手補繪之數年而始成使君博雅能詩精於賞鑑因其筆墨新奇珍如珠璧余於戊寅二月嘗觀於虞山官署雖小說家文事不可以入　天祿清秘之藏而亦見使君嗜古好奇無物不備者也

歸雲菴詩卷

吳興歸雲庵有明人墨蹟卷，舊時紛亂顛倒，不堪寓目。老友陳無軒學博始為聚集而裝池之，一係賦歸雲者，一係弔孫太初者，其兼及之作，則仍其舊。自顧應祥起至茅坤、董其昌等四十七人，洵為巨觀。嘉慶己酉初冬，偶遊吳興，觀于趙季由太守郡齋。

傳奇

傳奇小說作者每以意為之本不足為典據然婦人女子村夫野老信以為然津津而樂道此未嘗讀書耳如爛柯山朱買臣使其妻覆水此太公事見鶡冠子注琵琶記以蔡中郎為狀元不知漢時尚無狀元之名也黄粱夢託言盧生其事乃吕洞賓之遇鍾離權剏叙傳玉蓮為王十朋之妻玉蓮實十朋女也千鍾禄以嚴震直為不忠自刎明史本傳並無此事又如吕蒙正之父龜圖多内寵與妻劉不睦并蒙正黜之頗遭淪躓迨蒙正登仕迎其父母同堂異室孝養備至而傳奇乃以妻被父逐王曾少孤鞠育於

叔氏而傳奇言具慶明永樂中鄞人蔡錫中爲泉州太守造洛陽橋令傳奇爲蔡君謨種〻錯混而俗子信之真堪噗笑也

秦碑

案續漢書郡國志劉昭注引地道記云贛榆海中去岸百九十步有秦始皇碑長一丈八尺廣五尺厚三尺八寸一行十二字潮水至加其上三丈去則三尺見也又酈道元水經注游水又東北經贛榆縣北東側巨海中有秦始皇碑在山上

國朝俞廷瑞贛榆縣志亦載秦山東趾有始皇碑似此碑尚存惜僻在海嶠莫有顧而問者嘉慶廿一年十月望日海州刺史韓城師君亮采嘗航海而登是山山上有廟祀關帝天妃並附以包孝肅海忠介二木主不詳其由山之東有石人峯二座其形甚偉土人呼為大小二將軍中有大石如碑

屹立水中而汩沒無一字豈即所謂始皇碑非耶惟諸書紀
載並不書是始皇何碑殆在之罘東觀之外者也

碑刻

漢建初買地記山陰縣跳山石壁有建初買地記五行文云兄弟六人共買山地建初元年往此求地直三萬錢計二十字其建初一行之上又有大吉二字每字俱大尺許竇刻散編載跳山石壁有錢武肅王書大吉字誤也道光三年邑人杜尺莊孝廉昆仲搨得之時南海吳荷屋方伯官浙江按察使為題名刻于後今此山為杜氏所買築木柵以護之

漢永壽石道記吳荷屋方伯於嘉慶元年任陝西漢興道在西狹頌之後又得永壽元年右扶風丞楗為武陽李壽治石道記是前人所未見者

漢安陽漢殘碑四種嘉慶初年趙大令希璜宰安陽時武虛谷為修縣志在西門豹祠中搜出漢殘碑四種為元孫碑子游碑鎦君碑正直碑即就殘字中摘二字名之皆殘闕無全文者

漢武氏石室畫像題字乾隆五十六年錢唐黄小松易為濟寧運河司馬同州人李東琪及洪洞南正炎李克正等在嘉祥縣搜出武氏石室畫像四十餘石小松為作記余為作後記以刻其後

魏王基殘碑畢秋帆尚書沅為河南巡撫時嘗作中州金石記在洛陽得王基碑碑有景元二年字樣是當時書丹而未

刻完者文僅刻其半餘則殊文隱約可辯按景元為元帝年號是年辛巳至今已千五百餘年而丹尚存亦奇矣哉

吳禪國山碑在宜興縣國山上土人名曰囤碑有亭覆之吳天璽元年立篆書類少室神道石闕乾隆四十八年余在吳門陸白齋先生齋中遇海昌吳槎客時槎客正從陽羨訪碑回搨其全文向所未見之字盡出槎客作國山碑考一卷最詳雅可傳

晉任城太守孫夫人碑乾隆五十八年畢秋帆尚書為山東巡撫阮雲臺宮保為山東學政正作山左金石志時錢塘江君清適寧泰安其子秬香孝廉於新甫山張莊之原得是碑

此前人著錄俱未採者惜無年月可考矣

晉郭巨石室畫像題字在山東肥城縣孝堂山石室壁間二十餘石皆有小八分題字江祀香孝廉所搨出也有永康元年泰安二年永興二年諸題字

晉征西將軍劉韜墓碣今藏河南武虛谷進士家其碑甚小長二尺許寬七八寸圭首有穿其制甚精是虛谷搜出者

後魏雒州刺史刁遵碑在直隸南皮縣與山東之樂陵接壤先在樂陵某家後因爭此石訟於官令歸南皮此碑絕似王僧虔書已開唐人法門矣

西魏法顯造玉石像記正書大統十七年造畢秋帆尚書巡

撫陝西時得此迨尚書移鎮河南與四唐碑俱携歸吳門同
置樂圃之賜閒堂後四唐碑為錢塘馮編修集梧取去近年
又為嘉興張叔未解元得之則是石像記當尚在園中事隔
三十年恐無處尋覓矣

隋太僕卿元公墓志道光初年晉陵陸紹文徵君遊關中得
之令携回常州其陰為元君夫人姬氏墓志此六朝碑刻之
最精者

隋驃騎將軍右光祿大夫翠府君墓志此吳荷屋方伯任漢
興道時所得令置武功縣署中

後周大象石刻三種黃小松司馬在鄠縣搜得石刻數種其

一周靜帝大象元年刻經頌并銘正書計二處在小鐵山其一是摩崖是大象二年八分書在葛山其一刻經四種正書亦大象二年在岡山俱載山左金石志

隋王晟題字字大六寸許八分書余於江秬香孝廉案頭見之不減漢刻也又泰安徂徠山有北齊武平元年佛號摩崖八分書二種又般若經刻皆秬香搜出也

焦山瘞鶴銘余於乾隆嘉慶間屢至焦山親手模搨視近搨所無者尚有數字隐隐可辨按瘞鶴銘相傳為陶貞白書康熙中張力臣嘗手搨之并為考一卷汪退谷書之甚精咸以為陶貞白書或以為顧況書或以為六朝人書惟程南耕定

為皮日休書所引北夢瑣言諸書爲證實可破千古之疑隨
園隨筆亦載其說

述祖德堂

陳仲弓碑

案蔡中郎集陳君碑文凡三篇而洪氏隸釋隸續俱不載蓋碑亡久矣惟有太邱長陳寔壇碑亦殘剥不全後漢書本傳云陳君除太邱長脩德清靜百姓以安以沛相賦斂違法乃解印綬去吏人追思之李賢注云太邱縣屬沛國故城在今亳州永城縣西北則太邱者即今河南之永城也中郎第一碑云許令以下至於國人立廟舊邑四時蒸甞據此是中郎所撰三碑而外尚有他人撰刻之碑皆吏人追思而立惟本傳陳君字仲弓太邱殘碑作仲躬本傳陳君以中平四年卒於家中郎集與昭明文選俱作三年小有異同耳憶于乾隆

甲寅乙卯之間余在杭州曾為舊友陳默齋總參戎作分隸書而默齋竟以上石自此風行一時至日本琉球皆來購之盖海外人不知書法誤以為漢刻也今就余所寫本亦已早付祖龍不可得矣道光十年五月余自清江歸銷夏山中日長無事偶閱舊刻殊自形穢因復重書置之家塾儻有嗜古者將此書與中郎所摹後二碑一并刻之立于蘇州府學之敬一亭與余前仿熹平石經共列一堂以補漢碑之闕亦盛事也

隋啓法寺碑

丁道護啓法寺碑舊為何義門收藏識者謂其能洗六朝之餘習開歐褚之先聲前有研山堂並孫北海圖書尾有魏國公印是為宋賈秋壑鈐記也嘉慶十四年粵東吳荷屋過蘇以五百金購去

唐古井記

嘉慶十三年九月余附山東督糧道孫淵如先生北行之便入京由沂州府取道費縣而至曲阜余偶步至費縣頭門見一小碣上題古井記三篆字是唐天寶九載尉趙光乘所造後有宋紹聖四年縣令逢完記五行小楷甚精因搨其文以示觀察大喜是山左金石志未載者按縣志有季桓子得羵羊井在縣署此其是耶

宋劉原父名敞甞刻先秦古器記當為薛尚功鐘鼎款識之先聲原父通於古篆而無音釋最為有理蓋古人文義與今人不同必欲以今文叶古義不失之附會則失之穿鑿猶之宋人以唐韻叶三百篇誤矣近嘉興張叔未解元刻鐘鼎款識即用此例

韓蘄王碑

碑在吴縣靈巖山西麓蘄王墓前相傳為天下四大名碑之一自頂至趺髙二丈五尺七寸廣八尺九寸余生平所見碑碣惟此最髙亦惟此最大孝宗御筆題額曰中興佐命定國元勳之碑十字正書字徑一尺二寸中有選德殿書四小字亦正書字逕一寸七分又有御書之寶印方三寸文八十八行每行一百五十字為禮部尚書趙雄撰文兵部侍郎周必大書丹也憶余於乾隆乙巳十一月陪袁簡齋先生遊靈巖山館親謁墓下是時尚有亭覆之後遂圮三十年来莫有過而問者道光己丑歲吴中當事又復重修郡人韓桂舲尚書

有記

韓蘄王靈隱題名

題云紹興十二年清涼居士韓世忠因過靈隱登覽形勝得舊基建新亭榜名翠微以為游息之所待好事者三月五日男彥直書計四十八字書法類顏魯公大三寸許在靈隱寺前飛来峯上磨崖此刻不載於兩浙金石志近年有行脚僧六舟者始訪得之道光辛卯歲梁茝林方伯以搨本裝池賦詩於後可謂好古者矣余亦題二絶句云指點江山事已非何妨策蹇脱弓衣尋芳又到春三月好築新亭榜翠微有子能文善畫錐鷲峯深處自相隨磨崖欲逼中興頌合比靈巖十丈碑

題黃石齋先生手書洞霄宮記遊卷後

右明漳浦黃忠端公手書洞霄宮紀遊及祭李忠定朱文公二賢祠文，計二幅，書於絹素。吾友餘杭沈君小魯得于市中，同邑陳君韻夫遂以裝池送之本觀，俾住持世守之，誠盛事也。按公以直言被謫講學洞霄，事在崇禎十一年戊寅，正貶六秩為江西按察司照磨時也。今讀其文，益知其忠君愛國之心溢于紙墨，可悲也已。聞公講學時嘗謂門弟子曰：不知數百年後誰念此山如吾之於李朱者。今觀中已增塑公像，為三賢祠，春秋祭享矣。真如歐陽永叔所云不知茲山待已而名著也。道光十四年六月朔，與沈陳二君遊東嶽祠，出此

見示因題句吳後學錢泳時年七十有六

題杭州洞霄宮提舉題名記後

道光十四年三月泳以監脩　先武肅王墓從事臨安者七十餘日至六月二日歸次餘杭奉謁訓導平湖時秋鶴先生於學舍坐有頃先生出示新刻朱檢討彝尊所撰杭州洞霄宮提舉題名記自宋建炎初至咸淳末凡一百十五人綜核史傳考訂精詳詢洞霄宮志中不可少之文事而元之鄧牧心本志竟未及者殊闕典也按文獻通考宮觀之設始于真宗崇尚道教于玉清昭應二宮及景靈宮會靈觀各置道藏遴海內鴻博之士校定其文洞霄宮則始于神宗熙寧五年嗣又設崇福宮沖祐宮雲臺宮龍德宮鴻慶宮神霄宮太乙

宮中太乙宮上清寶籙宮太平興國宮以及靈仙觀祥源觀集禧觀萬壽觀崇道觀諸名皆置管勾其職有差等曰提舉曰提點曰主管有正使有副使有判官有都監皆以本職兼領而無專官至建炎以後皆以學士大學士領之則又以此為佚老優賢辭疾退閒之職矣先世自忠懿王歸國仕宋後厥子若孫皆服官於京師預其選者先後計十有六人而宋史皆不載即載之亦不詳如先文僖公諱惟演字希聖於天禧二年以翰林學士兼會靈觀副使四年以樞密副使兼會靈觀使提舉祥源觀事明道二年帝耕籍田公求侍祠因留為景靈宮使而文僖從兄翰林學士易字希白亦預其選天

禧四年與祖士衡並知制誥旋充會靈觀判官易曾孫伯言
字遜叔以樞密直學士兵部尚書提舉南京鴻慶宮嘉祐中
文僖第三子霸州防禦使晦字明叔以三班奉職同提舉集
禧觀事建中靖國元年先六世祖駙馬都尉諱景臻字遂道
文僖孫也除安德軍節度領集禧觀使政和四年加檢校太
尉遷安武軍節度領神霄玉清萬壽宮使駙馬從子稹字仲
真以朝散大夫通判無為軍紹興初主管台州崇道觀駙馬
長子榮國公忱字伯誠元符元年年十五以文州刺史提點
中太乙宮集禧觀公事崇寧二年以吉州防禦使上護軍提
舉萬壽觀政和中以瀘州軍節度使提點中太乙宮使次子

越國公愕字明遠建炎初歷武當軍節度使充上清寶籙宮使三子咸寧郡王諱愐字子平建炎初年十二授光山軍承宣使提點龍德太乙宮四子吳興郡公愷字樂道乾道元年以昭化軍承宣使提舉江州太平興國宮其子端學以朝奉大夫知廣德軍提舉崇福觀榮國公長子端仁字廸道以朝散大夫知郢州提舉南京鴻慶宮三子端禮字處和以乾道元年八月甲午除資政殿大學士提舉德壽宮萬壽觀逾月兼侍讀公不欲久在經筵力求外任得提舉臨安府洞霄宮淳熙三年以觀文殿學士再提舉洞霄宮又武肅王八世孫即字中道爲武肅王第十七子平陽侯元祐之後先於崇寧

五年以徽猷閣待制提舉洞霄宮是在建炎以前故不書也
今讀檢討題名記秖就建炎以後而序次之除資政良臣觀
文象祖而外實少忠肅公端禮一人是宋史之闕略非檢討
之遺漏也聞當時檢討曾有隸書一本遺守宮道士世守而
今不傳可惜已　泳不善書而喜學分隸今仿檢討之例爲補
書一冊付主院者庶以呈諸秋鶴先生未知許我否也

書隋司徒陳公武烈廟事

神姓陳氏諱杲仁字世威晉陵人自唐初至今屢著靈異入祀典按夢粱錄云神於唐武德時即有廟祀封忠烈公梁開平中錢武肅王伐淮南神以陰兵助之錢氏奏封福順延德王淮南楊氏封忠烈王後周顯德三年錢忠懿王攻常州神又率陰兵助順再請册封加爲帝號宋政和間賜廟常州時議以帝號非禮改爲福順武烈顯德昭應王勑建忠祐廟嘉定六年臨安尹以禱雨靈應奏乞加封咸淳二年祈雪又加封由來久矣嘗讀全唐文天寶中有僧德宣所撰隋司徒陳公舍宅造寺碑及江西通志所載互有異同皆非信史也案

神之姓名見新唐書沈法興傳法興為吳郡守煬帝使與太僕丞元祐討會稽賊樓世幹會帝被殺乃與祐將孫士漢陳杲仁執祐起兵又令杲仁破賊樂伯通法興自署江南道總管聞越王侗即位乃上表自稱大司馬錄尚書事承制置百官以杲仁為司徒士漢為司空及侗廢法興於武德二年稱梁王改元延康是法興據常州寔以神力後神功漸盛法興疑忌乃害之然則神始終事法興後人言法興欲叛隋欲據常故害神若以神忠於隋者非神之本意也然考元之薛方山有忠祐錄明之王文肅有武烈廟碑記於神皆有微詞而近時武進湯修業則直論杲仁非仁人寔亂臣尤為苛刻嗚呼

古来忠臣義士湮沒于世而不稱者不知凡幾賴有史乘以傳之其傳之非其真或聞見異辭為後人疑之而駁之者又不知凡幾今神之祀遍于江南江西者自唐初五代宋元明直至　本朝歷千百年而不變姑毋論其顯應與否其必有大功德以致之未可僅據史乘而訛議之也